Moin!

„90 Prozent Himmel und 10 Prozent Erde – das ergibt 100 Prozent Ostfriesland." Das jedenfalls sagen die Ostfriesen selbst über ihre Heimat. Kein Berg verstellt den Blick auf den endlosen Horizont, und das ist genau der Grund, weswegen ich diese Region im Nordwesten Deutschlands so mag. Man ist hier ganz auf sich selbst und die Natur zurückgeworfen.

VIEL HIMMEL, VIEL RUHE

So viel weiter Himmel – das war für den Berliner Fotografen Martin Kirchner erst einmal gewöhnungsbedürftig. Am beeindruckendsten waren für ihn die Wattwanderungen mit kundigen Führern (s. S. 69). Unser Autor Sven Bremer dagegen kennt die Weite. Er kommt aus Bremen und hat schon als Kind am Nordseestrand gebuddelt und ist durchs Watt gewatet. Bei seinen Recherchen für diesen Titel hat er über die wechselhafte Geschichte der Region gestaunt und sich an der Herzlichkeit der Bewohner erfreut. „Immer schön sutsche", heißt es in Ostfriesland, immer mit der Ruhe. Auf den Inseln gehen die Uhren langsamer, und die Stille auf den autofreien – Juist, Baltrum, Langeoog, Spiekeroog und Wangerooge – ist unvergleichlich.

STADTKULTUR UND PLATTES LAND

Einen Hauch Urbanität finden Sie aber auch in Ostfriesland. Leer und Oldenburg haben hübsche Altstädte, Emden eine fantastische Kunsthalle. Das flache Oldenburger Land, das Ammerland oder das Fehnland erkunden Sie am besten auf Radtouren oder mit dem Kanu – oder Sie kombinieren beides (s. S. 115).
Herzlich

Ihre

Birgit Borowski

Birgit Borowski
Programmleiterin DuMont Bildatlas

Alltagshektik ade! Egal, ob Sie auf einer der Ostfriesischen Inseln oder auf dem Festland urlauben wollen, jeder, der einen Sinn für weite Landschaften und stille Natur hat, findet hier sein persönliches Urlaubsparadies.

62
Auf den ersten Blick erscheint das Watt eher eintönig. Doch genaueres Hinsehen offenbart eine erstaunlich vielfältige und faszinierende Lebenswelt.

Ohne Tee ist in Ostfriesland kein geregelter Tagesablauf denkbar. Seinen Geschmack zu erhalten, gleicht einer Geheimwissenschaft.

Nicht nur Sandburgen bauen oder übers Watt wandern – unter den Inseln arbeitet vor allem Norderney erfolgreich am sportlichen Image.

90

34

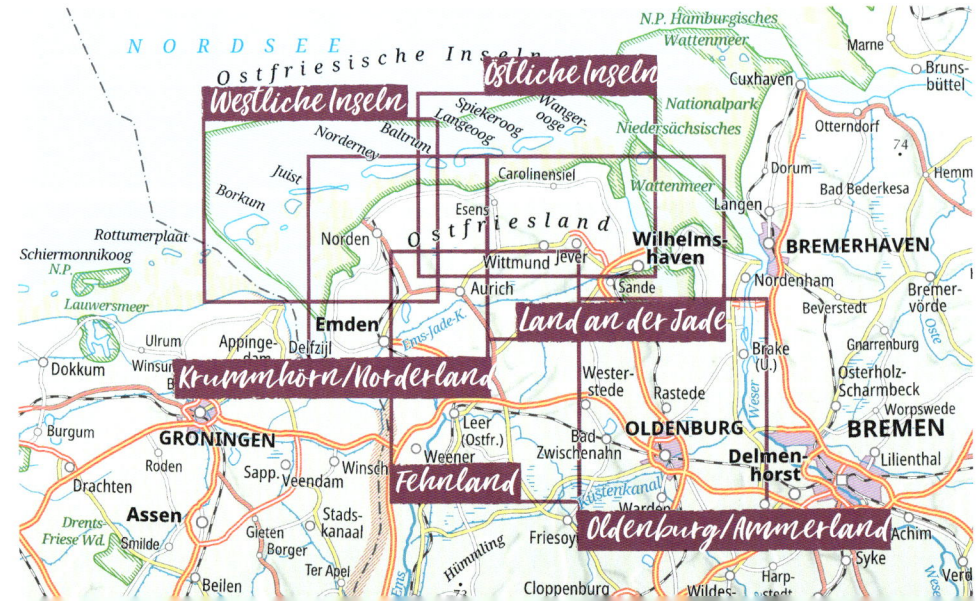

Unsere Favoriten

Höher, weiter, schiefer
Ostfriesland, einmal als ein Land der Superlative und Rekorde

Wo die Kluntje knistern
Urgemütliche Teestuben und Cafés gibt es in Ostfriesland zuhauf.

Land zwischen Ebbe und Flut
Spaziergengehen auf dem Meeresboden, das geht bei Ebbe im Watt.

Das Beste erleben

Berührend, aufregend und spannend …
sind unsere Ideen, die wir für Ihren Aufenthalt
in Ostfriesland zusammengetragen haben.

Ostfriesischer Mix

* 1 *
SCHMUCKSTÜCKE

Greetsiel ist als Heimathafen traditioneller
Krabbenkutter ein Gesamtkunstwerk.
Nicht weniger interessant ist für
Kutterfreunde Neuharlingersiel.
Seiten 32 und 83

* 2 *
EIN HERZ FÜR HEULER

Verwaiste Seehundbabys finden
in der Seehundaufzuchtstation
von Norddeich Aufnahme.
Seite 33

* 3 *
LEBHAFTES OLDENBURG

In einer besonders liebens- und
lebenswerten Stadt Deutschlands kann
man sich wunderbar treiben lassen.
Seite 97

* 4 *
TRADITIONSKOST IN ZWISCHENAHN

Spezialität des urigen „Spiekers"
am Seeufer ist „Smoortaal".
Seite 98

* 5 *
LEER UND DER
OSTFRIESENGENUSS

Alle Fragen zum Thema Tee werden
in den Museumsräumen beantwortet –
ostfriesische Teezeremonie inklusive.
Seite 114

* 6 *
SCHIFFBAU AN DER EMS

Modernste Ozeanriesen und nach
alten Plänen gebaute Traditionssegler –
Papenburg bietet beides.
Seite 115

Schöne Kultur

* 7 *

KUNSTHALLE IN EMDEN

Sternstunden der Malerei des 20. Jahrhunderts
sind hier – mitten in der ostfriesischen Provinz –
zu bewundern.
Seite 31

* 8 *

BUMMEL DURCH LEER

Das „Tor Ostfrieslands" besitzt eine der
schönsten Altstädte Norddeutschlands.
Seite 114

Grüne Wunder

* 9 *

SANDBANK JUIST

Ein Strandspaziergang ist besonders während der
Vogelzugsaison ein großartiges Erlebnis.
Seite 50

* 10 *

ERHOLUNGSINSEL SPIEKEROOG

Die grünste und ursprünglichste
der Ostfriesischen Inseln verspricht
stille Urlaubsfreuden.
Seite 67

* 11 *

NATIONALPARK WATTENMEER

Zentrum der zahllosen Informationsstellen
ist das UNESCO-Weltnaturerbe Wattenmeer
Besucherzentrum in Wilhelmshaven.
Seite 85

REIF FÜR DIE INSEL

In der Hochsaison kann es schon mal eng werden. Doch keine Sorge: Abseits vom Trubel der
Hauptstränge bieten auf allen Ostfriesischen
Inseln dünengesäumte Sandstränge Raum auch für
ausgedehnte Spaziergänge durch einzigartige Natur-
landschaften – wie beispielsweise an Spiekeroogs
Nordstrand bei aufkommender Flut.

DAS „TOR OSTFRIESLANDS"

Bitte eintreten: Leer steckt voller Überraschungen.
Im Mittelalter war die Stadt Sitz eines mächtigen
Ostfriesen-Häuptlings. Heute ist das Provinzstädtchen
zweitgrößter Reedereistandort Deutschlands. Besonders stolz jedoch sind die Leeraner auf ihre Altstadt,
die ebenso wie die alten Zentren Aurichs und Oldenburgs zum Bummeln einlädt.

HART AM WIND

Alljährlich treffen sich die besten Windsurfer der Welt auf Norderney. Mit beeindruckender Geschwindigkeit sind sie auf der „kabbeligen" Nordsee unterwegs und faszinieren mit tollkühnen Manövern die Zuschauer an Strand und Promenade. Norderney mit dem ältesten Seebad an der Nordseeküste ist zweifelsohne die sportlichste der Ostfriesischen Inseln.

KULTURELLE ÜBERRASCHUNGEN

Emden, die Heimat der von „Stern"-Verleger Henri Nannen begründeten Kunsthalle, mag zwar das kulturelle Zentrum der Region sein, doch ganz Ostfriesland hat inzwischen weit mehr als Krabbenbrot und Kutterromantik zu bieten. Kunst und Kultur werden hier groß geschrieben, ob beim Orgelfrühling in der Krummhörn, in den zahlreichen Museen oder in den historischen Windmühlen und Backsteinkirchen.

ROMANTISCHES ZIEL AM SIEL

An der ostfriesischen Küste wurden in den letzten
Jahrhunderten durch Eindeichung der weit ins Land
eingedrungenen Nordsee fruchtbare Marschen
abgerungen. Wo Flüsschen oder Entwässerungspriele
auf Deiche trafen, entstanden Sielhäfen wie
Carolinensiel, heute ein romantischer Museumshafen,
der Touristen mit historischen Plattbodenseglern und
frisch gepultem Granat anzieht.

Ostfriesische Rekorde

HÖHER, WEITER, SCHIEFER

Ostfriesland ist ein Land der Superlative. Hinterm Deich findet man nicht nur den größten und den kleinsten Leuchtturm Deutschlands, sondern auch die schmalste Autobrücke der Republik. Und lauter schiefe Kirchtürme im platten Land, von denen einer noch viel schiefer ist als der von Pisa.

① Teerekord

Dieser flüssige Superlativ ist es wert, gleich als Erstes genannt zu werden: Beim Teetrinken ist Ostfriesland weltweit spitze, 2017 schluckte jeder Ostfriese im Schnitt 300 Liter Tee, mehr sogar als der für seine „teatime" bekannte Engländer. Der brachte es nur auf 200 Liter. Größere Konkurrenten sind die Türken und die Afghanen, die jeweils etwa 280 Liter Tee im Jahr trinken. Und wie viel Tee wird in Deutschland bundesweit genossen? Nicht mal ein Zehntel des ostfriesischen Teekonsums, im Schnitt 28 Liter.

Teestuben in Ostfriesland: s. S. 28/29

② Orgelklänge in der Krummhörn

Der Kirchturm auf der Warft im kleinen beschaulichen Ort Rysum in der Krummhörn ragt gerade in den Himmel, das ist eher eine Besonderheit in der Region. Berühmtheit aber erlangte die Kirche durch ihre Orgel, die unter den ältesten Orgelwerken der Welt im Grundbestand einzigartig erhalten und noch bespielbar ist. Um 1442 in Groningen erbaut, erklingt das gotische Instrument mit seinen sieben Registern jeden Sonntag zum Gottesdienst und natürlich alljährlich zum Krummhörner Orgelfrühling, der auch die Orgeln in den umliegenden Kirchen von Uttum, Groothusen, Jennelt, Marienhafe, Cirkwehrum, Westerhusen, Manslagt und Eilsum jubilieren lässt.

Rysumer Kirche, Turmstraße 1, Krummhörn-Greetsiel, Tel. 04927 267, www.krummhoerner-orgelfruehling.de

③ Spiegel einklappen und Spur halten

Viel los ist wirklich nicht im beschaulichen Amdorf, rund sieben Kilometer östlich von Leer. Eine Ampel gibt es trotzdem – aus gutem Grund. So sieht man nicht selten Autofahrer, die vorsichtshalber ihre Außenspiegel einklappen. Denn wer hier die Leda überqueren will, der muss über die 1956 gebaute Amdorfer Brücke. Und die ist mit einer Breite von 1,94 Metern (die Fahrspur ist sogar nur 1,85 m breit) die schmalste Autobrücke Deutschlands.

Amdorfer Brücke über die Leda, Trappenweg, Detern

④ Deutschlands höchster …

… Leuchtturm wird auch der ostfriesische Eiffelturm genannt: der Campener Leuchtturm. Denn wie das Wahrzeichen von Paris ist auch das Leuchtfeuer im nordwestlichen Zipfel Ostfrieslands ein sogenannter Stahlfachwerkturm. Mit 63,50 Metern wird der 1891 erbaute Turm in Campen weltweit nur von 13 Leuchttürmen übertroffen – und in Deutschland von keinem. Von März bis November kann man den Leuchtturm besichtigen. Nach schweißtreibendem Aufstieg über gut 300 Stufen hat man oben einen fantastischen Rundumblick.

Leuchtturm Campen, Leuchtturmstraße 5, 04926 918 80, www.greetsiel.de

2

6

N o r d s e e

Ostfriesische Inseln

Spieker-oog Wanger-ooge

Langeoog

Norderney

Juist   Norden

Borkum

O S T F R I E S -   Wilhelms-   2
L A N D   Aurich   haven

7   6   Jade-
4   de   busen

Delfzijl   Weser

Leer

NIEDER-   5   Oldenburg
LANDE   Hunte

3   Papenburg

Ems

N i e d e r s a c h s e n

Cloppenburg

7

7 Schiefer als der Turm von Pisa

Der knapp 28 Meter hohe Kirchturm in Suurhusen bei Emden ist mit einer Neigung von 5,19 Grad deutlich schiefer als der Schiefe Turm von Pisa, der es nur auf lächerliche rund vier Grad bringt. Und hat es deshalb als „most leaning tower" sogar ins Guiness-Buch der Rekorde geschafft. Der Turm in Midlum im Rheiderland ist mit einer Neigung von 6,74 Grad sogar noch schiefer. Aber weil er nur 14 Meter hoch ist, fand er keinen Einlass ins Buch der Superlative und Rekorde. Verstehe das, wer will …

Kirchturm Suurhusen, Tjabbo van Lessen, Tel. 04925 525, Hinte, www. kirche-suurhusen.de; Führungen n. Vereinb.

6 Labskaus für alle

Eröffnet wird das traditionelle Labskaus-Essen in Wilhelmshaven mit dem Ruf „Backen und Banken", was in der Sprache der Seeleute so viel bedeutet wie „Essen ist fertig". Beim weltweit größten Labskaus-Essen am größten Marine-Standort Deutschlands werden mehr als 10 000 Portionen des traditionellen Seemannsessens verputzt – echte Schifferkost, die sich auch mit vom Skorbut geschädigten Zähnen bequem verzehren lässt. 1701 hörte man erstmals von dieser „Pampe" aus pürierten Kartoffeln und durchgedrehtem Pökelfleisch, mittlerweile wird sie serviert von den zahlreichen Wilhelmshavener Gastronomen als jeweils individuelle Version – Rote Bete, Gurken, Spiegelei und oftmals ein eingelegter Hering sind aber eigentlich immer dabei.

Labskaus-Essen, Wilhelmshaven Touristik & Freizeit GmbH, Ebertstraße 110, 26382 Wilhelmshaven, Tel. 04421 91 30 00, www. wilhelmshaven-touristik.de

5 Alles Handarbeit

Dort, wo Leda und Jümme zusammenfließen, setzt man noch auf echte Handarbeit. Aber hier in Wiltshusen wird nicht etwa gehämmert, gesägt oder gefeilt – hier ziehen starke Männer die älteste von Hand betriebene Fähre Europas, die sogenannte „Pünte", von einem Jümme-Ufer zum anderen. Bereits 1562 wurde die Fährverbindung auf der Handelsroute zwischen Emden und dem Oldenburgischen erstmals erwähnt. Seit 2002 steht die „Pünte" unter Denkmalschutz, und die Mitglieder des „Pünten-Vereins" sehen sich als Bewahrer der Geschichte für kommende Generationen, jederzeit offen für neue Mitglieder, die das schweißtreibende Tun unterstützen wollen.

Jümme-Fähre „Pünte", Amdorferstraße 101, Leer, Tel. 0491 919 69 60, www.puentenverein.de

Krummhörn · Norderland

*

LOB DER UR-SPRÜNGLICHKEIT

*

90 Prozent Himmel und zehn Prozent Erde – das ergibt 100 Prozent Ostfriesland. Diese Formel beschreibt die Weite der Krummhörn wohl am Besten – eine große Freiheit für immerwährenden Wind. Vom pittoresken Greetsiel aus stechen die Krabbenkutter in See. Und in der Seestadt Emden schlägt das wirtschaftliche und kulturelle Herz Ostfrieslands.

Jahrhundertealt ist die Fähigkeit der Küstenbewohner,
Windkraft zu nutzen – auch bei Emden.

„De Vrouw Johanna" und ihre Nebengebäude wurden 1804/1805 erbaut. Der Galerieholländer steht auf dem im 17. Jahrhundert errichteten Emder Stadtwall.

Im Innenhafen von Emden bilden das Feuerschiff „Deutsche Bucht", der hölzerne Heringssegellogger „Stadt Emden" und der Seenotrettungskreuzer „Georg Breusing" ein kleines Schifffahrtsmuseum.

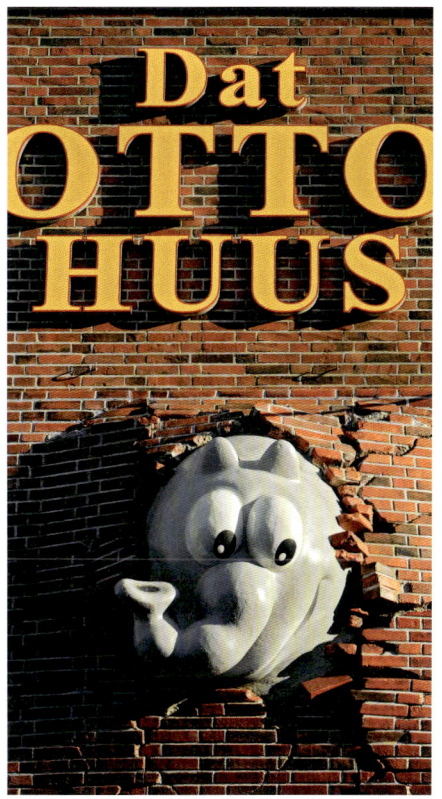

Der Künstler selbst hat den Durchbruch längst geschafft: Otto-Huus in Emden.

Anziehungspunkt für Freunde der jüngeren Malerei: Die Kunsthalle Emden hat ihren Ursprung in der Stiftung Henri Nannens.

»EIN HAUS MIT MENSCHLICHEN DIMENSIONEN« NANNTE RICHARD VON WEIZSÄCKER DIE KUNSTHALLE EMDEN, ALS HENRI NANNENS KOSTBARE GABE AN SEINE HEIMATSTADT 1986 EINGEWEIHT WURDE.

Lange Zeit wurden die Emder in Ostfriesland als „Pottjekackers" verspottet, weil sie erst relativ spät an die Abwasser-Kanalisation angeschlossen wurden. Darüber können sie heute nur noch milde lächeln – vielmehr ärgert es sie, als „Emdener" bezeichnet zu werden. Emden ist „Ostfrieslands Tor zur Welt". Obwohl im Zweiten Weltkrieg in Schutt und Asche gebombt, besitzt die Seehafenstadt doch reichlich Flair und noch mehr Wasser. Sogar die berühmte Kunsthalle ist mit dem Boot zu erreichen. Nördlich von Emden beginnt die „krumme Ecke". Hinterm Deich werden keine krummen Dinger gedreht, hier geht es geradewegs in eine Bilderbuchlandschaft aus satt-grünen Weiden und romantischen Dörfern. Ostfriesischer ist Ostfriesland wohl nirgends sonst.

Teile der Krummhörn liegen sogar unterhalb des Meeresspiegels. Deshalb wurden Häuser und Kirchen früher auf sogenannten Warfen errichtet, erhöhten und zumeist kreisrunden Erdhügeln. Zum Schutz vor den Sturmfluten, die so sicher wie das Amen in den Kirchen kamen. Auf die Idee, Deiche zu bauen, waren die tapferen Friesen erst später gekommen. Die wuchtigen Backsteinkirchen jedenfalls waren viel zu schwer für den weichen Boden der aufgeschütteten Warfen. In der Folge sackten ihre

Türme ab – der schiefe Turm von Pisa steht geradezu wie eine Eins im Vergleich zum Kirchturm in Suurhusen, der mit einer Neigung von 5,19 Grad als schiefster Turm der Welt sogar Einzug ins Guinness-Buch der Rekorde gefunden hat. Mit Glück kann man in der Krummhörn den Klängen einer der zahlreichen historischen Orgeln lauschen. Aber keine Sorge: Die Organisten spielen keinesfalls so schief, wie die Kirchtürme es vermuten lassen könnten.

HIMMLISCHE FORMEL

Weitaus gerader stehen die Krummhörner Leuchttürme am Deich. Unterschiedlicher könnten sie nicht sein – der gerade einmal elf Meter hohe Pilsumer Leuchtturm und der fast 65 Meter aufragende „Wächter des Meers" von Campen, damit der höchste Deutschlands. Letzterer wird gern als „Eiffelturm der Nordsee" bezeichnet. Und tatsächlich ähnelt er durch seine dreibeinige Stahlkonstruktion nicht nur dem Wahrzeichen von Paris, sondern er ist auch im selben Jahr (1889) fertiggestellt worden. Eng ist es, düster und stickig, wenn man die mehr als 300 Stufen hinauf klettert zur Plattform. Dort fällt man im wahrsten Sinn aus allen Wolken. Der Himmel scheint hier noch ein wenig weiter, noch blauer. Der überzeugte Ostfriese rechnet

Greetsiel hat zwei Wahrzeichen –
den Kutterhafen und seine Zwillingsmühlen.

Den malerischen Hafen von Greetsiel säumen gemütliche Backsteinfassaden.

Marienhafe wuchert heute mit seinem Pfund Störtebeker.

Seehunde

Glückliche Heuler

· ·

„Guck mal, ist der niedlich." Peter Lienau, Leiter der Seehundaufzuchtstation in Norddeich, bekommt solche Liebeserklärungen täglich zu hören. Sie gelten natürlich nicht ihm, sondern den kleinen Seehunden und Kegelrobben in den Bassins.
Dass die kleinen „Heuler" im Wasser herumtollen und so freundlich aus ihren braunen Knopfaugen in die Weltgeschichte blicken können, haben sie Lienaus Team zu verdanken, das verwaiste Jungtiere rettet und wieder aufpäppelt. Die Ursachen für die Trennung von Seehund-Müttern und ihren Jungen sind vielfältig. Als natürliche Trennung gilt, wenn Zwillinge zur Welt kommen, die Mutter sich aber nur um eines der Jungen kümmern kann. Oft trennen auch extreme Wetterbedingungen die Familien. Für die unnatürliche Trennung ist fast ausschließlich der Mensch verantwortlich, wenn er beispielsweise zu nah an die Seehunde

herankommt oder mit Booten an den Sandbänken vorbeirast. Zunächst in Quarantäne, kommen die Findlinge nach ersten Untersuchungen zu ihren Artgenossen in die großen Becken. Dort bleiben die meisten acht bis zehn Wochen. Können sie selbstständig fressen und haben ein Gewicht von 25 bis 30 Kilogramm erreicht, geht es wieder hinaus in die Nordsee. Vor der Auswilderung werden die Seehunde mit Mikrochips versehen, zur Überwachung und zu Forschungszwecken.

Special

folgendermaßen: 90 Prozent Himmel und zehn Prozent Erde, das ergibt 100 Prozent Ostfriesland.

FILMSTAR AM DEICH
Der Pilsumer Leuchtturm ist ein Zwerg, als Nebendarsteller in Otto Waalkes' Kinofilm „Otto – der Außerfriesische", kam der rot-gelbe Winzling aber groß raus, hat geradezu Kultstatus erlangt. Seitdem wird er auch „Otto-Leuchtturm" genannt. In Betrieb war er nur bis 1919, danach verfiel er. Ein Schandfleck war er, eine einzige Rostbeule. 1972 forderte der Deichrichter Jannes Ohling mit drastischen Worten die Renovierung ein. Wenn diese nicht binnen eines Jahres vonstattengehen würde, solle der Oberamtmann Müller gefälligst „am Turm aufgeknüpft werden". Turm und Müller überlebten – und Ostfriesland hat seitdem ein Wahrzeichen mehr, das zudem ein beliebter Ort für Trauungen ist.

KIRCHENASYL FÜR PIRATEN
Weiter im Landesinneren, im Brookmerland, ragt der Kirchturm der St. Marienkirche zu Marienhafe in den Himmel. Der Ort heißt nicht ohne Grund so, denn vor mehr als fünfhundert Jahren, als der berühmt-berüchtigte Pirat Klaus Störtebeker in der Nordsee sein Unwesen trieb, konnte er dort noch mit dem Schiff

Ostfriesland ist durchsetzt von kleinen „Meeren" –
hier das Uphuser östlich von Emden.

Über einer mittelalterlichen Anlage entstand im 17./18. Jahrhundert das
Dornumer Wasserschloss, das heute feudales Domizil einer Realschule ist.

anlegen. Erst im späten Mittelalter wurde Marienhafe durch die Verlagerung der Küstenlinie zum Binnenort. Störtebeker jedenfalls bekam in der Marienkirche so etwas wie Kirchenasyl. Seither nennen die Marienhafer den Kirchturm stolz „Störtebeker-Turm". Und bezeichnen ihren Ort bisweilen scherzhaft gar als „Wiege des Sozialismus". Denn Störtebeker war als „Likedeeler" („Gleichteiler") dafür bekannt, dass er es den reichen „Pfeffersäcken" nahm und seine Beute seinesgleichen und auch den Armen gab – zumindest teilweise.

Burg Berum verdankt ihr Erscheinungsbild dem 16. und 17. Jahrhundert und ist heute ein Feriendomizil, in dem sich auch schon mal ein Bundespräsident erholte.

DIE MEISTEN OSTFRIESISCHEN SCHLÖSSER GEHEN AUF MITTELALTERLICHE HÄUPTLINGSSITZE ZURÜCK — SO IN DORNUM, HAGE UND HINTE.

Unterstützt wurde Störtebeker vom ostfriesischen Häuptling Widzel tom Brook, der im Clinch mit der Hanse lag. Kein Ostfriesenwitz! Die ostfriesischen Herrscher im Mittelalter nannten sich tatsächlich Häuptlinge. Wer denkt da nicht an Winnetou oder Sitting Bull? Aber sie waren wohl eher heutigen Warlords zu vergleichen.

Die Häuptlingsdynastien hatten die Macht im 14. Jahrhundert übernommen, nachdem Flutkatastrophen und Seuchen das übliche Miteinander untergraben hatten. Zuvor war die Region eine Art demokratische Oase im ansonsten feudalen Europa. Die Abgeordneten der „Sieben Seelande" versammelten sich zu Pfingsten in Rahe bei Aurich, um am „Upstalsboom" Vereinbarungen zu treffen, Recht zu sprechen und die genossenschaftlich organisierte Einheit und Freiheit Frieslands zu beschwören – bis die Häuptlinge für rund ein Jahrhundert die Macht übernahmen, letztendlich aber an der eigenen Machtgier und Zerstrittenheit scheiterten.

Das frühromantische Gartenkunstwerk von Lütetsburg entstand vor rund 200 Jahren nach dem Vorbild des viel bewunderten Wörlitzer Gartenreichs.

Die urigsten Teestuben und Cafés

WO DIE KLUNTJE KNISTERN

In den Cafés und Teestuben im Nordwesten wird vielfach die ostfriesische Teezeremonie praktiziert – der Ostfriesentee wird auf traditionelle Art und Weise mit „Kluntje" und Sahne serviert. In den urigen und gemütlichen Gaststätten gibt es natürlich auch Kaffeespezialitäten und fast immer leckerste Kuchen und Torten.

❶ Teetied im Tüdelpott

Ein uriges Stück Ostfriesland findet man in Carolinensiel unweit des Deutschen Sielhafen-Museums. Im Tüdelpott sitzt man in gemütlichem Ambiente eines alten Kapitänshauses, im Sommer lockt die Terrasse mit Blick auf die Harle. In der kalten Jahreszeit rückt man möglichst nah heran an den wärmenden Kachelofen. Hier genießt man leckere Ostfriesentorte und einen klassischen Ostfriesentee. Wer die Gegend vom Wasser aus erkunden will – der Bootsanlager ist noch nicht mal einen Teebeutel-Weitwurf entfernt …

Café Tüdelpott, Pumphusen 10, Wittmund-Carolinensiel, Tel. 04464 83 49, www.tuedelpott.de

❷ Der Name ist Programm

Dornröschen der Nordsee wird Baltrum, die kleinste der Ostfriesischen Inseln, gern genannt. Und wahrlich märchenhaft geht es im Café Kluntje zu. Im ehemaligen Kapitänshaus im Ostdorf zwischen Dünen und Salzwiesen gibt es nicht nur selbst gebackene Kuchenspezialitäten – hier wird in historischem Ambiente auch die ostfriesische Teezeremonie zelebriert. Also heißt es für einen Moment innezuhalten und zu horchen wie der Kandiszucker (Kluntje) im dampfenden Tee zu knistern beginnt.

Café Kluntje, Ostdorf 29, Baltrum, Tel. 04939 419, www.kluntje.com

❸ Teetrinken im „Tante-Emma-Laden"

Poppinga's Alte Bäckerei in Greetsiel ist Teestube und Heimatmuseum in einem. In dem denkmalgeschützten Haus verkaufte Mareike Poppinga noch bis 1973 Brot und Lebensmittel. Seit 1982 werden die Räumlichkeiten als Teestube genutzt. Dabei wurde möglichst viel von der originalen Einrichtung des kleinen „Tante-Emma-Ladens" erhalten. Die erstklassigen Ostfriesentees kann man hier nicht nur genießen, sondern auch kaufen.

Poppinga's Alte Bäckerei, Sielstraße 21, Greetsiel, Tel. 04926 13 93, www. poppingas-alte-backerei-greetsiel.de

❹ Einfach nur ausgezeichnet

Inmitten der historischen Leeraner Altstadt liegt das „Antik-Café Poppinga". Nach einem Bummel durch die sehenswerte Stadt an der Leda kann man in gemütlichem Ambiente feinste Torten sowie Tee- und Kaffeespezialitäten genießen. Spezialität im Antik-Café sind jedoch die selbst gemachten Eissorten wie das Bobbes-Eis mit Marzipan oder das Schnäutzchen-Eis mit Keksen und Schokolade. Das renommierte Magazin „Der Feinschmecker" jedenfalls zählt das Antik-Café zu den besten Cafés in Deutschland.

Antik Cafe Poppinga, Brunnenstraße 27, Leer, Tel. 0491 36 16

❺ Kaffee und Kuchen bei Häuptlingen

Inmitten des historischen Umfelds der Osterburg zu Groothusen, einem ehemaligen Häuptlingssitz in der Krummhörn, werden im „Burgcafé" ostfriesische Spezialitäten serviert. Den Besuch im Café sollte man mit einer Besichtigung der mehr als 500 Jahre alten Osterburg verbinden, in die Goldlederne Stube oder die Bibliothek des historischen Ensembles eintauchen, bevor man im Sommer im wunderschönen Park einen Ostfriesentee oder am Sonntagmorgen das Häuptlings-Frühstück genießt.

Burgcafé Osterburg Schatthaus, An der Osterburg 1, Krummhörn-Groothusen, Tel. 04923 80 54 68, www. osterburg-groothusen.de

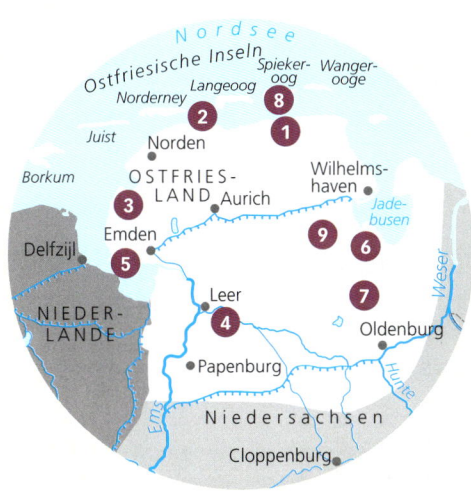

Nordsee

Ostfriesische Inseln
Norderney Langeoog Spieker-oog Wanger-ooge

Juist Norden

Borkum OSTFRIES-LAND Aurich Wilhelms-haven Jade-busen

Emden

Delfzijl

Leer Oldenburg

NIEDER-LANDE

Papenburg

Weser Hunte Ems

Niedersachsen

Cloppenburg

6 Herrlicher Rhabarberkuchen

Der Rhabarberkuchen des Kurhauses in Dangast ist weit über die Grenzen der Ostfriesischen Halbinsel bekannt. Der Ort, wo diese besondere Leckerei kredenzt wird, ist ein besonderer. Oberhalb des Strands in einem kleinen Wäldchen liegt das um 1800 erbaute Kurhaus. Hierher zog es einst Künstler wie Karl Schmidt-Rotluff, Franz Radziwill und später auch Joseph Beuys. Bis heute gibt es diese Abende, an denen die Tische beiseite geschoben werden, um für Konzerte oder Lesungen Platz zu schaffen, oder an denen die Terrasse als sommerliches Freiluftkino dient. Längst hat das Gasthaus, das die Familie Tapken seit 1884 und in mittlerweile fünfter Generation betreibt, Kultstatus erlangt und ist nicht nur wegen des Kuchens zu empfehlen.

Kurhaus Dangast, An der Rennweide 46, Varel-Dangast, Tel. 04451 44 09, www.kurhausdangast.de

7 Zwischen Idylle und Abenteuer

Landidylle lebt auf Janßens Hof unweit der alten Residenzstadt Rastede. Im urigen Bauernhofcafé werden Kuchen und Torten serviert, im Bio-Hofladen wird rustikales Steinofenbrot, Gemüse und Fleisch verkauft. Auf der Swingolf-Anlage des Hofs können auch Rookies ihrer Golfleidenschaft frönen, ganz ohne die bisweilen lästige Golfetikette. Und die Abenteuergolfanlage verbindet einen minigolfartigen Hindernisparcour mit der Weite des Landlebens im Ammerland.

Janßen-Hof, Pantinenweg 4, Rastede, Tel. 04402 83 87 0, www.janssen-hof.de

8 Mitten im schönsten Inseldorf

Jeder hat so seinen Liebling unter den Ostfriesischen Inseln. Aber dass Spiekeroog das hübscheste aller Inseldörfer besitzt, darüber dürfte kaum Zweifel bestehen. Und mitten in dieser Idylle, in einem der Friesenhäuser mit typischer grüner Holzverkleidung, serviert das Inselcafé Ostfriesentee, Kaffee- und Kuchenspezialitäten und leckeres Eis. Gebacken wird gleich nebenan in der Inselbäckerei, im Sommer sitzt man wunderbar im Schatten großer Bäume. Und wenn es mal ein bisschen kälter ist, dann wärmt man sich von innen mit einem Sanddorn-Grog.

Inselcafé, Norderloog 13, 26474 Spiekeroog, Tel. 04976 91 20 10

9 Hier wird noch selbst gemahlen

Vor über 150 Jahren wurde die Rutteler Mühle unweit des Neuenburger Urwalds erbaut, und noch heute drehen sich gelegentlich die Flügel des Galerie-Holländers im Wind. Ein Besuch lohnt aber vor allem wegen des urgemütlichen Mühlencafés. Das Mehl der selbst gebackenen Kuchen- und Waffelspezialitäten wird vor Ort in der Rutteler Mühle gemahlen. Und jeden Sonntag wird in dem vielleicht schönsten Mühlencafé der ostfriesischen Halbinsel ein Frühstücksbuffet angeboten.

Rutteler Mühle, Friedeburger Straße 2, Zetel-Ruttel, Tel. 04452 333, www.rutteler-muehle.de

KULTUR UND KRABBEN SATT

Lange Zeit war Ostfrieslands Westen mehr durch seine Arbeitslosenzahlen bekannt als durch seine vielfältigen Qualitäten, die er zweifellos aufzuweisen hat. Die Bandbreite reicht von der Emder Kunsthalle mit Weltrang über filmbekannte Leuchttürme bis zur Krabbenkutter-Romantik in Greetsiel oder kleinem Heuler-Glück in Norddeich.

❶ Emden

Maritimes Flair bietet die am Dollart gelegene Seehafenstadt Emden, bekannt als bedeutender Autoimport- und -exportplatz. Mit rund 50 000 Einw. ist sie nicht nur die größte Stadt Ostfrieslands, sondern auch dessen kulturelles und wirtschaftliches Zentrum. Bereits um 800 n. Chr. als Handelssiedlung gegründet, wurden weite Teile der Altstadt im Zweiten Weltkrieg zerstört. Über die Grenzen Ostfrieslands hinaus ist die Kunsthalle bekannt, von überregionaler Bedeutung für die Wissenschaft ist die Johannes-a-Lasco-Bibliothek in der Großen Kirche. Größter Arbeitgeber Emdens ist das Volkswagen-Werk.

SEHENSWERT

Das Emder **Rathaus** am Ratsdelft aus dem späten 16. Jh. war dem Antwerpens nachempfunden. Bei Bombardements 1944 fast vollständig zerstört, wurde es wieder aufgebaut und 1962 wiedereröffnet. Über dem Eingang ist der Wahlspruch der Emder zu lesen: „Concordia res parvae crescunt" – „Durch Eintracht wachsen kleine Dinge". Heute beherbergt es das Ostfriesische Landesmuseum. In der Pelzerstraße stehen mit den **Pelzerhäusern** die einzigen erhaltenen Renaissance-Bürgerhäuser aus dem 16. Jh. (Nr. 11 und 12; Außenstellen des Landesmuseums). Auf dem Emder Hafentor aus dem frühen 17. Jh. steht: „Et pons est Embdae et portus et aura deus" – „Gott ist für Emden Brücke, Hafen und (Segel-)Wind".

MUSEEN

In der Emder **Kunsthalle** TOPZIEL, gestiftet vom „Stern"-Gründer Henri Nannen und seiner Frau Eske, sind überwiegend Kunstwerke der Klassischen Moderne ausgestellt (Hinter dem Rahmen 13, Tel. 04921 97 50 0, www.kunsthalle -emden.de; Di.–Fr. 10.00–17.00, Sa. und So. 11.00–17.00 Uhr). Das **Ostfriesische Landesmuseum** beherbergt neben der größten stadteigenen Waffensammlung in Deutschland u. a. eine Gemäldesammlung (Brückstraße 1, Tel. 04921 87 20 58, www.landesmuseum-emden. de; Di.–So. 10.00–17.00 Uhr).
Ein Ottifant ziert **Dat Otto Huus**, in dem die Karriere des „Blödelbarden" nachzuvollziehen ist, vor allem aber Devotionalien zu haben sind

Emder Kunsthalle am Stadtgraben (links). Hinter dem Museum Feuerschiff erhebt sich das alte Rathaus mit dem Landesmuseum (rechts).

(Große Straße 1, Tel. 04921 2 21 21; Mo.–Fr. 11.00–17.00, Sa. 11.00–14.00, April–Okt. auch So. 11.00–15.00 Uhr). Der Geschichte des Nationalsozialismus und des Wiederaufbaus der Stadt widmet sich das **Bunkermuseum** (Holzsägerstraße, Tel. 04921 3 22 25, www.bunker museum.de; Di.–Fr. 10.30–12.30 Uhr und 13.00–16.00 Uhr, Sa./So. 13.00–16.00 Uhr). Das **Museums-Feuerschiff Amrumbank** wurde 2020 zu einer umfassenden Sanierung ins Dock geschleppt. Läuft alles nach Plan, sollte das schwimmende Schifffahrtsmuseum 2021 wieder für interessierte Besucher geöffnet sein (Georg-Breusing-Promenade, Tel. 04921 2 32 85, www.amrumbank.de). Mit dem Segellogger „AE 7 Stadt Emden" und dem Rettungskreuzer „Georg Breusing" liegen zwei weitere Museumsschiffe im Emder Hafen.

VERANSTALTUNGEN

Bei den **Matjestagen** (Ende Mai) dreht sich alles um die schmackhaften Fische (www.matjes tage.de). Seit 1990 findet im Mai/Juni das **Filmfest Emden** statt (www.filmfest-emden.de).

Das auf E-Mobilität spezialisierte VW-Werk Emden bietet Mo.–Fr. **Werksführungen** an (Tel. 04921 86 23 90, www.volkswagen.de/de/ erleben/Werkbesichtigung/emden.html).

HOTELS UND RESTAURANTS

Ein Vier-Sterne-Hotel, mit Restaurant, Außenterrasse, Fitnessbereich und Sauna direkt am Hafen gelegen, ist das € € € / € € **Hotel am Delft** (Am Delft 27, 26721 Emden, Tel. 04921 39 19 0, www.hotel-am-delft.de).

UMGEBUNG

Sehenswert ist die vierflügelige, urspr. gotische Wasserburg Hinta in **Hinte** (nordw.), Ende des 15. Jh. von Friesenhäuptlingen errichtet (Osterhuser Straße, Tel. 04423 13 72; Privatbesitz).

INFORMATION

Tourist-Information Emden, Bahnhofplatz 11, 26721 Emden, Tel. 04921 9 74 00, www.emden-touristik.de/www.emden.travel

❷ Greetsiel

Das malerische Fischerdorf an der Leybucht ist die Perle der Region. Hauptattraktion Greetsiels sind die Krabbenkutter, die von hier aus in See stechen. 1388 wurde die Siedlung erstmals erwähnt, gegründet wurde der Ort (1500 Einw.) von der Häuptlingsdynastie Cirksena im 14. Jh. Seit 1991, mit der Fertigstellung des Leybuchthörns und der dazugehörigen Schleuse, ist der Hafen Greetsiels tideunabhängig zu erreichen.

SEHENSWERT

Der **Ort TOPZIEL** ist mit seinen gut erhaltenen **Häusern** aus dem 17. und 18. Jh. eine Art Gesamtkunstwerk. Es lässt sich wunderbar durch die mit roten Klinkern gepflasterten Sträßchen flanieren. Besonders sehenswert ist die Häuserzeile mit glockenartigen Giebeln an der Sielstraße. Als Wahrzeichen gelten die **Zwillingsmühlen** am Sieltief; im Mühlenladen gibt es frisches Brot zu kaufen, im Café im Kornspeicher leckeren Kuchen (Tel. 04926 92 65 30, www.zwillingsmuehlen.de; Mühlenbesichtigung April–Okt. Mi. und Sa. 14.00 Uhr). **Poppinga's Alte Bäckerei** in der Sielstraße 21 ist Museum, Galerie und Café in einem (Tel. 04926 13 93, www.poppingas-alte-backerei-greetsiel. de): Wo bis 1973 Brot gebacken wurde, lässt es sich heute bei einer Tasse Ostfriesentee inmitten eines Ambientes aus dem 19. Jh. gemütlich klönen.

MUSEEN

Im **Ostfriesischen Landwirtschaftsmuseum Campen** (14 km südl.) werden in zwei denkmalgeschützten sogenannten Gulfhöfen landwirtschaftliche Geräte ausgestellt (Krummhörner Straße, Tel. 04927 93 95 23 oder

Tipp

Krummhörner Kirchturm-Tour

. . . .

Seit 2013 gibt es für Radler die Krummhörner Kirchturm-Tour. Bei dem Event Anf. Sept., einem Gemeinschaftsprojekt der Greetsieler Touristiker, der Kirchengemeinden und des Krummhörner Orgelfrühlings, erlebt man auf einem 65 km langen Rundkurs die Sehenswürdigkeiten der 19 Krummhörner Dörfer. Gastgeber und Anlaufpunkte sind die insgesamt 23 Kirchengemeinden, die an jeder Station einen Stempel an die Teilnehmer verteilen. Wer alle Stempel eingesammelt hat, erhält am Ende der sportlichen Kultur-Tour eine Urkunde. Abgerundet wird die Veranstaltung mit einem Open-Air-Konzert auf dem Dorfplatz des Start- und Zielortes Jennelt.

Informationen und Kartenmaterial unter www.greetsiel.de

Detailreich zeigt sich Nordens Haus Schöningh (links). Da wird einem anders: Flutmarken in Greetsiel (rechts).

04927 805 99 50, www.olmc.de; Mai–Okt. Di.–Fr. und Fei. 10.00–17.00, Sa. und So. 10.00 bis 13.00 Uhr). Im Pewsumer **Heimatmuseum** auf der Manningaburg (15. und 16. Jh.) lässt sich u. a. ostfriesischen Häuptlingsdynastien nachspüren (Manningastraße; Di. und Do. 10.00 bis 12.30 und Sa. und So. 15.00–17.00 Uhr).

VERANSTALTUNGEN

Der **Krummhörner Orgelfrühling** (Anf.–Mitte Mai) ist einer der kulturellen Höhepunkte der Region; international renommierte Künstler verzaubern mit ihrem Spiel auf historischen Orgeln. Ende Juli/ Anf. Aug. bleibt kein Auge trocken und kein Kleidungsstück sauber, wenn die **Schlickschlittenmeisterschaften** ausgetragen werden. Sommerlicher Höhepunkt ist jedoch der **Krabbenkutter-Korso,** bei dem die Greetsieler Fischer „Landratten" mit an Bord nehmen und mit ihren bunt geschmückten Schiffen auf Fahrt gehen (Tel. 04926 91 88 0). Heimelig wird es am zweiten und dritten Adventswochenende beim **Greetsieler Weihnachtsmarkt** – der Weihnachtsmann kommt hier mit dem Krabbenkutter!

HOTEL UND RESTAURANTS

Mitten im Ortskern gelegen, bietet das € € **Hotel Hohe Haus** seinen Gästen behaglichen Komfort in historischem Ambiente (Hohe Straße 1, 26736 Greetsiel, Tel. 04926 18 10, www.hoheshaus.de).
Unter den Restaurants in Greetsiel genießt das € € € / € € **Witthus** den besten Ruf (Kattrepel 5–9, Tel. 04926 92 00 0, www.witthus.de). Die € € **Alte Brauerei** in Pilsum wurde beim Bundeswettbewerb „Historische Wirtshäuser" ausgezeichnet (An der Alten Brauerei 2, Tel. 04926 91 29 15, www.alte-brauerei-pilsum.de).

UMGEBUNG

Im beschaulichen **Rysum,** dem wohl schönsten Warfendorf der Region, erhebt sich die Kirche mit der ältesten bespielbaren Orgel Nordeuropas von 1457 (Turmstraße 1, Tel. 04927 267). Auf dem über 65 m hohen **Campener Leuchtturm** (1889) können Kinder ihr „Leuchtturmwärter-Diplom" machen (Informationen bei der Touristik Gesellschaft Greetsiel). Im **Pilsumer Leuchtturm** (11 m, 1891) kann man sich trauen lassen (Information bei den Standes-

beamten Ralf Kalkwarf, Tel. 04923 91 61 58, bzw. Hannelore Jürgler, Tel. 04923 91 61 54).

INFORMATION

Touristik-GmbH Krummhörn-Greetsiel, Zur Hauener Hooge 11, 26736 Greetsiel, Tel. 04926 91 88 0, www.greetsiel.de

❸ Norden

Im äußersten Nordwesten liegt Ostfrieslands älteste Stadt. Bereits 1255 wurde Norden (25 000 Einw.) erwähnt, zusammen mit Norddeich ist sie das „Grüne Tor zur Nordsee". Während die „Nörder" auf Kultur und Geschichte setzen, hat sich Norddeich dem Erlebnisurlaub verschrieben. Die Küstenfunkstelle Norddeich Radio versorgte von 1905 bis 1995 Schiffe auf allen Weltmeeren mit Informationen und Weihnachtsgrüßen aus der Heimat. Bereits seit 2019 wird in Norden/Norddeich der „Masterplan Wasserkante" umgesetzt. An der östlichen Wasserkante sind bereits u.a. eine modernere Promenade und eine neue Meeresterrasse entstanden. An der westlichen Wasserkante entstehen bis Ende 2021 die neue Nationalparkpromenade sowie das Naturerlebnis Dünenlandschaft und Wattenmeer.

SEHENSWERT

Auf dem Marktplatz Nordens überragt die im 13. Jh. erbaute **Ludgerikirche** alle anderen Bauwerke (Am Markt 66, Tel. 04931 1 89 70, www. norden-ludgeri.de); ihr Prunkstück ist die Orgel des berühmten Orgelbaumeisters Arp Schnitger vom Ende des 17. Jh. Nahebei stehen die **Dree Süsters** („Drei Schwestern"), ein Renaissance-Backsteinensemble aus dem frühen 18. Jh. Ein Schmuckstück ist das reich verzierte **Haus Schöningh** (Osterstraße 5), ein Renaissancebau aus dem späten 16. Jh. Wahrzeichen der Stadt ist die funktionsfähige **Deichmühle** am alten Hafen, die zudem eine Ausstellung klassischer japanischer Motorrädern beherbergt (Bahnhofstraße 1a, Tel. 04931 1 23 39, www. deichmuehle.de; Di.–Fr. 15.00–17.00 Uhr).

MUSEEN

Das **Ostfriesische Teemuseum** bietet einen Einblick in die Welt des Tees (Am Markt 36, Tel.

04931 12 10 0, www.teemuseum.de; März und April Di.–So. 10.00–17.00, Mai–Okt. auch Mo., Nov.–Feb. Mi. und Sa. 11.00–16.00 Uhr; traditionelle ostfriesische Teezeremonie Di., Mi. und Sa. 14.00, Fr. um 11.00 Uhr, Voranmeldung erbeten); angegliedert ist das **Norder Volkskundemuseum**. In der Osterstraße erinnert ein Museum an das legendäre Norddeich Radio (**Museum Norddeich Radio**, Osterstraße 11a, Tel. 04931 973 30 81, www.norddeich-radio.de).

AKTIVITÄTEN

Das **Ocean-Wave** in Norddeich bietet Badespaß, Ruhebedürftige finden Entspannung in der Saunalandschaft (Dörper Weg 22, Tel. 04931 98 63 00, www.ocean-wave.de).

ERLEBEN

Die **Seehundaufzuchtstation TOPZIEL** in Norddeich päppelt verwaiste Seehunde und Kegelrobben auf (Dörper Weg 22, Tel. 04931 89 19, www.seehundstation-norddeich.de; tgl. 9.00–17.00 Uhr, Fütterungszeiten 11.00 und 15.00 Uhr). Infotainment rund um die riesigen Meeressäuger bietet das angegliederte **Waloseum** (Osterlooger Weg 3, Tel. 04931 89 19; März–Nov. tgl. 9.00–17.00, 26. Dez. bis 6. Jan. tgl. 9.00–17.00 Uhr).

HOTELS UND RESTAURANTS

Bereits im frühen 17. Jh. wurde im heutigen **Reichshof Norden** € € € – € € € € Bier gebraut, Anf. des 18. Jh. wurde in der Ausspannwirtschaft das Bier auch ausgeschenkt. Heute kann man im historischen Backsteinbau immer noch Bier trinken und zudem stilvoll übernachten (Neuer Weg 53, 26506 Norden, Tel. 04931 17 50, www.reichshof-norden.de).
Das Panoramacafé und -restaurant **Havanna** € € am Ocean Wave bietet mehr als die Pommes-Verköstigung anderer Erlebnisbäder; hier gibt es interessant komponierte Burger und leckere regionale Fischgerichte (Dörper Weg 23, Tel. 04931 983 54 24, www.havanna-norddeich.de). Am Rande des Schlossparks in Lütetsburg nächtigt man in drei exklusiven Baum- bzw. Stelzenhäusern namens Voss (Fuchs), Dacks (Dachs) und Reei (Reh) (https://luetetsburg-lodges.de).

VERANSTALTUNGEN

Die **Museumseisenbahn Küstenbahn Ostfriesland** (MKO) fährt von Norden nach Dornum (www.mkoev.de). Im Frühsommer steigt am Strand das **Norddeicher Drachenfest am Meer** (Tel. 04931 98 62 26).

UMGEBUNG

Überwältigend ist der Anblick der St.-Marien-Kirche in **Marienhafe** (1230–1270), bis zum Rückbau um 1830 größte Kirche Ostfrieslands. Heute beherbergt der „Störtebeker-Turm" ein Museum (April–Sept. Di.–Sa. 11.00–13.00 und 14.00–17.00, So. 14.00–17.00 Uhr; Führungen durch den Türmer, Tel. 0175 4 88 52 59).

INFORMATION

Tourist-Information Norden/Norddeich, Dörper Weg 22, 26506 Norddeich, Tel. 04931 98 62 00, www.norddeich.de

RAST AN DER DREHSCHEIBE DES VOGELZUGS

Jedes Jahr im Herbst wiederholt sich ein gigantisches Naturspektakel, wenn die Zugvögel aus dem hohen Norden auf ihrem Weg in den warmen Süden an der ostfriesischen Küste Station machen. Wattvögel wie Austernfischer, Goldregenpfeifer, Pfuhlschnepfen und Alpenstrandläufer, zahlreiche Enten- und Gänsearten, aber auch verschiedene Singvögel stärken sich hier für den Weiterflug nach Südeuropa oder Afrika. Das Wattenmeer wird daher gern auch als Drehscheibe des Ostatlantischen Vogelzugs bezeichnet.

Im Wattenmeer finden die Vögel ausreichend Nahrung, um sich für den vor ihnen liegenden Langstreckenflug zu stärken. Andere wiederum, zum Beispiel einige Entenarten, wählen die Nordseeküste auch gleich als Winterquartier. Ostfrieslands Küstenregion ist für die verschiedenen Vogelarten nicht zuletzt aufgrund der Vielfalt der Habitate ideal. Seetaucher und Meerenten rasten auf offener See, am Strand kann man Möwen und Seeschwalben beobachten. Buhnen und Molen dienen Eiderenten und Möwen als Lebensraum, und die Dünen sind das Jagdrevier beispielsweise von Kornweihe und Sumpfohreule.

Im Nationalpark Wattenmeer können unter anderem Säbelschnäbler (links) und Ringelgänse beobachtet werden.

Während der Zugvogeltage unter der Ägide des Nationalparks Wattenmeer finden zahlreiche Veranstaltungen rund um den Vogelzug statt. Überwiegend sind es von Ornithologen fachkundig geführte Exkursionen, meist zu Fuß, bisweilen mit dem Fahrrad oder mit dem Schiff. Im Angebot sind aber auch Vorträge und Filmvorführungen in den Nationalparkhäusern an der Küste.

Wer sich **auf eigene Faust** zur Vogelbeobachtung aufmacht, sollte beachten, dass der Nationalpark in drei Schutzzonen unterteilt ist. Die Ruhezone darf ganzjährig nur auf markierten Wegen betreten werden. In der Zwischenzone gelten ähnliche Bestimmungen; außerhalb der Brutzeit (1. April–31. Juli) darf man sich jedoch frei im Gelände bewegen. In der Erholungszone gelten keine gesonderten Regeln. Infos zu den **Zugvogeltagen** gibt es auf www.zugvogeltage.de.

Westliche Inseln

*

WOHLFÜHLOASEN IM WATTENMEER

*

Hochseeklima und archaische Rituale auf Borkum, Thalasso und ein Hauch von High-Society auf Norderney, Natur pur auf dem „Töwerland" Juist – unterschiedlich präsentieren sich die drei Inseln im Westen vor Ostfrieslands Küste. Was sie eint, ist die herrliche Dünenlandschaft, scheinbar endlose Sandstrände, frische Seeluft und die exponierte Lage mitten im Wattenmeer.

Einen fantastischen Blick über die Weiten des Meeres bietet die Kuppelbar, die das Juister Kurhaus krönt.

Borkums Leuchtturm überragt auch die Kirchen der Insel. Er bleibt auf der Promenade und überall am Strand im Blick.

Borkums Strandpavillon krönt die Promenade und überragt den Strand
mit den inseltypischen Zelten und Körben.

»VON EINER DÜNE SIEHT MAN WEIT — DAS MEER IST VOLLER FLÜSSIGKEIT.«

Wilhelm Busch auf Borkum

An 364 Tagen im Jahr ist Borkum eine ganz normale Nordseeinsel, sind die Borkumer ganz normale Insulaner. Normal, das sollte man nicht missverstehen, schließlich bietet das Eiland ein fantastisches Klima, eine herrliche Dünenlandschaft, tolle Strände und herzliche Gastgeber. Einen Tag im Jahr allerdings drehen sie durch, die Borkumer. In der Nacht zum 6. Dezember wird hier der sagenumwobene Klaasohm zelebriert.

Dabei ziehen sechs junge Männer zusammen mit dem „Wiefke", einem als Frau verkleideten jungen Burschen, über die Insel. Wer die Ehre hat, die Klaase zu geben, wird bei geheimnisvollen Kämpfen am frühen Abend entschieden, hinter Schweinskopfmasken bleiben sie für den Rest des Abends unerkannt. „Bewaffnet" sind sie mit einem großen geschwungenen Kuhhorn, das vorwiegend dazu benötigt wird, jungen Damen den Allerwertesten zu versohlen. Und zwar dermaßen heftig, dass nicht selten Tränen fließen. Mütter und deren Kinder hingegen werden mit Moppe versorgt, einem klebrigen Lebkuchengebäck, und sogar gestreichelt.

So ganz ist nicht geklärt, worauf dieser Brauch zurückgeht. Mit dem christlichen Nikolausfest hat es etwas zu tun, gleichzeitig mischt sich wohl archaisches Geisteraustreiben in das Spektakel, das anderen Quellen zufolge in der Walfängerzeit entstanden sein soll: Kehrten die Männer von der langen Fangreise zurück, mussten sie zunächst ihre Position und Macht in den Familien wiederherstellen.

Begleitet werden die Klaase auf ihrem Zug durch die Gemeinde von zahlreichen Schaulustigen, vor allem aber von einem infernalischen Lärm aus Hörnern, Trommeln und den mit Dosendeckeln bestückten „Düwelsgeigen". Einige Stunden geht das Treiben, sie ziehen von Kneipe zu Kneipe, tanzen auf Tischen und Bänken, ehe der Spuk in der Westerstraße mit derwischartigen Tänzen und großem Gejohle der Menge zu seinem Ende kommt. Dann plätschern die Wellen wieder an den Strand, als wäre nichts gewesen, pfeift der Wind sein gewohntes Lied. 364 Tage lang ist Borkum nun wieder eine ganz normale Insel in der Nordsee – bis zum nächsten Klaasohm.

JANUSGESICHTIGES NORDERNEY

Norderney ist das älteste Seebad an der Nordseeküste, von der geologischen Entstehungsgeschichte her jedoch der Youngster unter den Ostfriesischen Inseln. Das Eiland bewältigt heute höchst erfolgreich den Spagat zwischen Tradi-

Surfen ist fester Bestandteil von Norderneys
„White Sands Festival".

Norderneys Strandpromenade wird von Wellness- und
Genussangeboten gesäumt.

Wer hätte erwartet, dass Norderney einen eigenen Maibaum aufstellt?

Norderneys „Café Marienhöhe" hat Tradition. Hier speiste und dichtete schon Heinrich Heine

Inselgruß  **Special**

He! statt Moin!

....

Ob morgens früh beim Bäcker oder gen Mitternacht beim Absacker an der Bar – die Ostfriesen schmettern sich ein herzhaftes „Moin" entgegen.

Eine Ausnahme machen die Norderneyer. Dort lautet die gängige Grußformel „He!", in der Schriftform gern mit einem Ausrufezeichen versehen. Traditionalisten beklagen allerdings, dass das „He!" vom Aussterben bedroht ist. Hundertprozentig geklärt ist nicht, wie und wann der Gruß entstanden ist. Einiges deutet darauf hin, dass es sich von „Ahoi" ableitet. Jedenfalls ist das „He!" den Norderneyern heilig. Sogar Schlager sind darüber geschrieben worden („Ein echter Insulaner sagt nur He!"). Gästen sei allerdings eher geraten, mit „Moin" zu grüßen – „He!" ist Einheimischen vorbehalten.

tion und gnadenlosem Tourismustrubel. Am altehrwürdigen Conversationshaus lauschen sittsam gekleidete Gäste älteren Semesters dem Kurkonzert. Dort wo einst Clara Schumann für gekrönte Häupter Klavierkonzerte gab, erklingen auch heute noch moderate, klassische Töne. Einen Steinwurf entfernt wummern des Nachts House- und Techno-Bässe. Sittsam gekleidet ist kaum jemand, wenn beispielsweise das „White Sands Festival" zelebriert wird. Ein Event, dass Beachvolleyball, Windsurfen und Party kombiniert. Norderney ist fraglos auch die Sportlichste unter den Ostfriesischen Inseln.

Die Insel ist die mondäne Vornehme – einst urlaubten hier Staatsmänner und Dichterfürsten –, aber auch so etwas wie der „Ballermann" im Wattenmeer. Während auf anderen Inseln morgens um 5 Uhr die Vogelkundler aus den Federn kriechen, wanken sie auf Norderney um diese Uhrzeit aus der legendären Diskothek „Backstage". Auf Norderney sitzt man in edlem Ambiente und Kerzenlicht beim Diner, hier steht man aber ebenso an der Bude beim Döner. Kegelklubs promenieren am Strand einträchtig mit Promis, die seit einigen Jahren wieder verstärkt die Insel besuchen. Urlauben und urlauben lassen, so könnte auch das Motto Norderneys heißen.

MIT BRAD PITT NACH JUIST

Jan-Lüppen Brunzema von den Inselfliegern aus Harle musste sich irgendwann verabschieden von seinen Stammgästen, die da Brad Pitt, Julia Roberts oder auch Jürgen Vogel und Katja Riemann hießen. Der Pilot aus Ostfriesland hatte die Stars nicht leibhaftig an Bord seiner Cesna. Er transportierte mehr als 30 Jahre lang Filmrollen mit Blockbustern auf die Ostfriesischen Inseln. Im Zeitalter der Digitalisierung aber werden die Filme nicht mehr von Rollen, sondern von digitalen Speichermedien abgespielt. Gleichwohl – die Idee war genial und sie bescherte Brunzema über Jahre einen fantastischen Job.

Die Kinobetreiber auf den Inseln hatten es satt, ständig dieselben, antiquierten Streifen anbieten zu müssen, wacklige Bilder und knarziger Ton inklusive. Aktuelle Top-Filme waren für die kleinen Inselkinos allein jedoch nicht zu bezahlen. Also schlossen sie sich zusammen, tauschten die Filmrollen untereinander aus, und Brunzema knatterte mit seiner Propellermaschine von Insel zu Insel. Wind und Wetter brachten den Flugplan bisweilen etwas durcheinander; dann drückte der Pilot dem Empfänger auf den Inseln die Filmrollen auf dem Rollfeld in die Hand und der raste damit ins Kino. Äußerst selten kam es vor, dass die

Norderneys Kurplatz vor dem „Inselhotel König" ist seit bald 140 Jahren Treffpunkt und Flaniermeile.

Kinobesucher ein paar Minuten warten mussten. Aber immer noch besser als zum zwanzigsten Mal Heinz Rühmann als „Quax der Bruchpilot" ...

Leibhaftige Passagiere befördern die „Inselflieger" natürlich noch immer. Im Sommer sind das überwiegend gut situierte Urlauber oder solche, die die Fähre verpasst haben, im Winterhalbjahr eher Handwerker und Geschäftsleute. Oder Insulaner, die rechtzeitig zu Weihnachten bei ihren Lieben unterm Tannenbaum sitzen möchten. Außerdem alles, was eilig ist: Medikamente, die aktuelle Tagespresse und Frischfisch, manchmal gar in Not geratene Seehund-

babys, die in der Aufzuchtstation in Norddeich wieder aufgepäppelt werden müssen. Nur Filmrollen, die gehören nicht mehr zur Fracht der Inselflieger.

TRADITIONSREICH UND KLIMANEUTRAL

Sturmfluten zerstörten zuletzt vermehrt Teile der herrlichen Naturlandschaft auf Juist und warfen nicht nur bange Fragen, sondern auch enorme Kosten auf. Die Verantwortlichen machten sich also Gedanken über das Morgen hinaus. Sie wollten nicht einfach nur Dünenabbrüche reparieren und Deiche erhöhen. Sie beriefen einen Nachhaltigkeitsbeauftragten ins Amt, erklärten sich bereits 2010

AUF NORDERNEY BLEIBEN NUR WENIGE WÜNSCHE UNERFÜLLT — WER ALLERDINGS RUHE SUCHT, SOLLTE IN RICHTUNG DÜNEN ZIEHEN.

Die kleine Strandstraße ist Norderneys Einkaufsmeile.

Zum „White Sands Festival"
gehört die Party im Haus der Insel.

Am Strand von Juist: Aus den Dünen erhebt sich das kuppelgekrönte Kurhaus.

Ostfriesische Teezeremonie: Wie wäre es mit einer
leckeren Waffel im „Lütje Teehus"?

Juist, die „schönste Sandbank der Welt", gewinnt seine Besucher durch Natürlichkeit.

GLAMOUR IST AUF JUIST NUR IN SPURENELEMENTEN ZU ENTDECKEN.

Harald Braun auf stern.de

offiziell zur „Klimainsel"; 2015 wurde Juist mit dem deutschen Nachhaltigkeitspreis ausgezeichnet. Als erstes Urlaubsziel will die Insel bis 2030 klimaneutral werden.

Die Tradition hilft dabei: Auf der Insel fährt man Fahrrad statt Auto, Transporte übernehmen Pferdekutschen. In Zukunft sollen verstärkt Wind- und Solaranlagen sowie Geothermie (Erdwärme) genutzt werden. Allerdings: Nicht alle Ureinwohner spielen mit, manche halten den Nachhaltigkeitsbeauftragten für einen Ökospinner. Eines allerdings könnte Thomas Vodde und seine Mitstreiter in die Karten spielen. Nachhaltigkeit heißt für sie nämlich auch soziale

Verantwortung, Traditionen zu wahren und vor allem den Insulanern Wohnraum zu erhalten. Denn Juist hat langsam ein ähnliches Problem wie Sylt. Mieten und Immobilienpreise sind horrend. Die Zahl der Zweitwohnsitze nimmt zu, zulasten des sozialen Lebens: Sportvereine kriegen ihre Mannschaften nicht mehr voll, der Freiwilligen Feuerwehr fehlt der Nachwuchs. Deshalb plant Juist beispielsweise eine Wohnungsbaugenossenschaft, deren Grundstücke den Insulanern vorbehalten sein sollen. Denn wenn sich nichts ändert, so glauben nicht wenige, könne in nicht allzu ferner Zukunft aus dem „Töwerland" (Zauberland) eine Geisterinsel werden.

Kuren an der ostfriesischen Nordseeküste

SCHICK MIT SCHLICK

*„Leben Sie die Kraft des Meeres", lautet die Botschaft des „bade:haus" auf Norderney.
Das größte der zahlreichen Thalasso-Häuser an der ostfriesischen Nordseeküste bietet
„mehr als Wellness am Meer". Zum zehnjährigen Jubiläum wurde es mit dem
European Health & Spa Award als „Best Public Bath" ausgezeichnet.*

Bereits 1797 kurten auf Norderney die ersten Gäste, 1931 wurde hier das erste Meerwasserschwimmbad Europas eröffnet. Die Botschaft der schmucken „Deerns" auf dem Banner jedenfalls kommt an – das „bade:haus" auf Norderney „brummt".

Vor allem, weil Thalasso nicht nur schön macht, sondern auch Heilung oder zumindest Linderung bei diversen Krankheiten und Allergien verspricht. Thalasso leitet sich von Thalassa ab, dem griechischen Begriff für Meer. Es beinhaltet die Behandlung mit Meerwasser, Algen, Schlick und Salz, aber auch mit frischer Meerluft und Sonne. Als „Erfinder" gilt der britische Arzt Richard Russell, der bereits 1750 die heilende Wirkung der Meeresprodukte hervorhob, vorzugsweise bei Atemwegserkrankungen, bei Neurodermitis, bei diversen Hautirritationen sowie bei rheumatischen Leiden.

Nicht zu vergessen der Wellness-Aspekt, von dem Norderneys Kurdirektor Wilhelm Loth sagt: „Das ist nicht mehr nur ein Trend, das ist ein Grundbedürfnis der Menschen heutzutage." Für Loth ist der Erfolg des „bade:haus" auf Norderney vor allem mit der Authentizität der Einrichtung zu erklären. Es werden fast ausschließlich regionale Produkte verwendet: Der Schlick kommt aus dem Wattenmeer vor der Haustür, das frische Meerwasser wird direkt aus der Nordsee in die Wohlfühloase gepumpt, lediglich die Algen werden aus Frankreich importiert. Einiges, so Loth, tummele sich inzwischen unter dem Begriff „Thalasso" in der immer noch boomenden Wellness-Landschaft. „Aber Thalasso in München?" Er schüttelt leicht, aber doch bestimmt den Kopf. „Wir veranstalten doch auch kein Alpenglühen im Dünental!"

VOM ERSTEN BIS ZUM LETZTEN TAG

Ein weiterer Slogan des „bade:haus" lautet: „Leben Sie die Kraft des Meeres". Thalasso beginne eigentlich schon auf der Fährfahrt hinüber zu den Ostfriesischen Inseln, sagt der Kurdirektor. Obwohl er in seinem Büro im Rathaus sitzt, atmet er tief ein, als wollte er seine Behauptung unterstreichen. „Dass, was der Gast auf der Insel erlebt, soll sich auch im ‚bade:haus' widerspiegeln und fortgeführt werden", erläutert Loth. Dort dann unter der Obhut ausgebildeter Bademeister, Masseure und Therapeuten.

Natürlich kann sich jeder Nordsee-Urlauber auch selbst am Strand mit dem heilenden Schlick einreiben. Wohlfühleffekt und Heilungsfaktor im „bade:haus" dürften jedoch um ein Vielfaches höher liegen. Dort wird der erwärmte Schlick hauchdünn und sanft auf die Haut aufgetragen.

Heilschlick aus der Nordsee ist äußerst fein – und wirksam.

Das „bade:haus" verspricht Wellness

EINTRETEN UND ALLES ANDERE HINTER SICH LASSEN – DAMIT WIRBT DIE WELLNESSBRANCHE.

Hier bleibt Hektik draußen: im Spa des
Norderneyer „bade:haus".

Hinweise

Bereits nach wenigen Minuten setzt bei den meisten Thalasso-
Behandlungen der Wohlfühlfaktor ein. Um schwerwiegendere
gesundheitliche Probleme zu lindern, werden jedoch Kuren von
mindestens einer Woche empfohlen.

Menschen, die an Schilddrüsenüberfunktion oder Bluthoch-
druck leiden, Krebspatienten und Schwangere sollten Thalasso-
Anwendungen nur nach Rücksprache mit ihrem behandelnden
Arzt wahrnehmen.

Das „bade:haus norderney" ist aufgeteilt in eine Wasserebene
und eine Feuerebene mit verschiedenen Saunas und Dampf-
bädern. Während es dort höchst entspannt zugeht, ist im
Familien-Thalassobad mit dem Wellenbad, dem Matschspiel-
platz und der Wattwurmrutsche Action für Jung und Alt angesagt (Am Kurplatz, Tel. 04932 89 14 00, https://www.norder
ney.de/badehaus-norderney.html; tgl. 9.30–18.00 Uhr).

Durchatmen ist angesagt. Man fühlt
sich wie im siebten Himmel in einer
Art Schwerelosigkeit. „Wunderbar",
schwärmt Wilhelm Loth, „da
schwimmt man wie ein Milky Way in
der Milch."

THALASSO IST ANERKANNT ...

Auch die Insulaner sind nach anfäng-
licher Skepsis mittlerweile stolz auf
das „bade:haus". Eine puristisch an-
mutende Architektur, die ganz auf
natürliche Baustoffe setzt, ein sanf-
tes und wohldosiertes Licht sowie
eine nahezu perfekte Akustik fügen
sich zu einem stimmigen Ensemble.
So kommen inzwischen Gäste ge-
zielt wegen des Thalasso-Angebots
auf die Ostfriesischen Inseln. „Das
‚bade:haus' sorgt auf Norderney ganz
deutlich für eine Saisonbelebung in
der Vor- und Nachsaison", sagt Kurdirektor Loth. Einziger Wermuts-
tropfen dabei: Die Gäste müssen ohne
Blick aufs Meer auskommen, sondern
sich überwiegend mit dem über die
Dächer Norderneys begnügen. Lediglich von der Sauna oben auf dem
Dach des „bade:haus" erhascht man
einen ziemlich knappen Blick auf die
Nordsee.

... UND AUF DEM VORMARSCH

Norderney ist Vorreiter, doch auch die
anderen Inseln schlafen nicht, ziehen
nach und bieten mittlerweile vielfältige Thalasso-Anwendungen wie
Meerwasser-Sprudelbäder, Meeres-
algenpackungen, Muschelkalkanwen-
dungen oder Meerwasserdampfbäder.
„Thalasso hat ein Zuhause", behauptet
die Arbeitsgemeinschaft Deutscher
Seebäder. Und das liege zweifelsohne
auch vor der Küste Ostfrieslands.

Andere, die eher auf den kos-
metischen Effekt setzen, werben mit
dem kurzen, aber prägnanten Motto:
„Schick mit Schlick!"

In der Floating-Muschel des „Gezeitenlands" auf Borkum schwebt man in 26-prozentiger Sole ohne eigene Anstrengung auf der Wasseroberfläche.

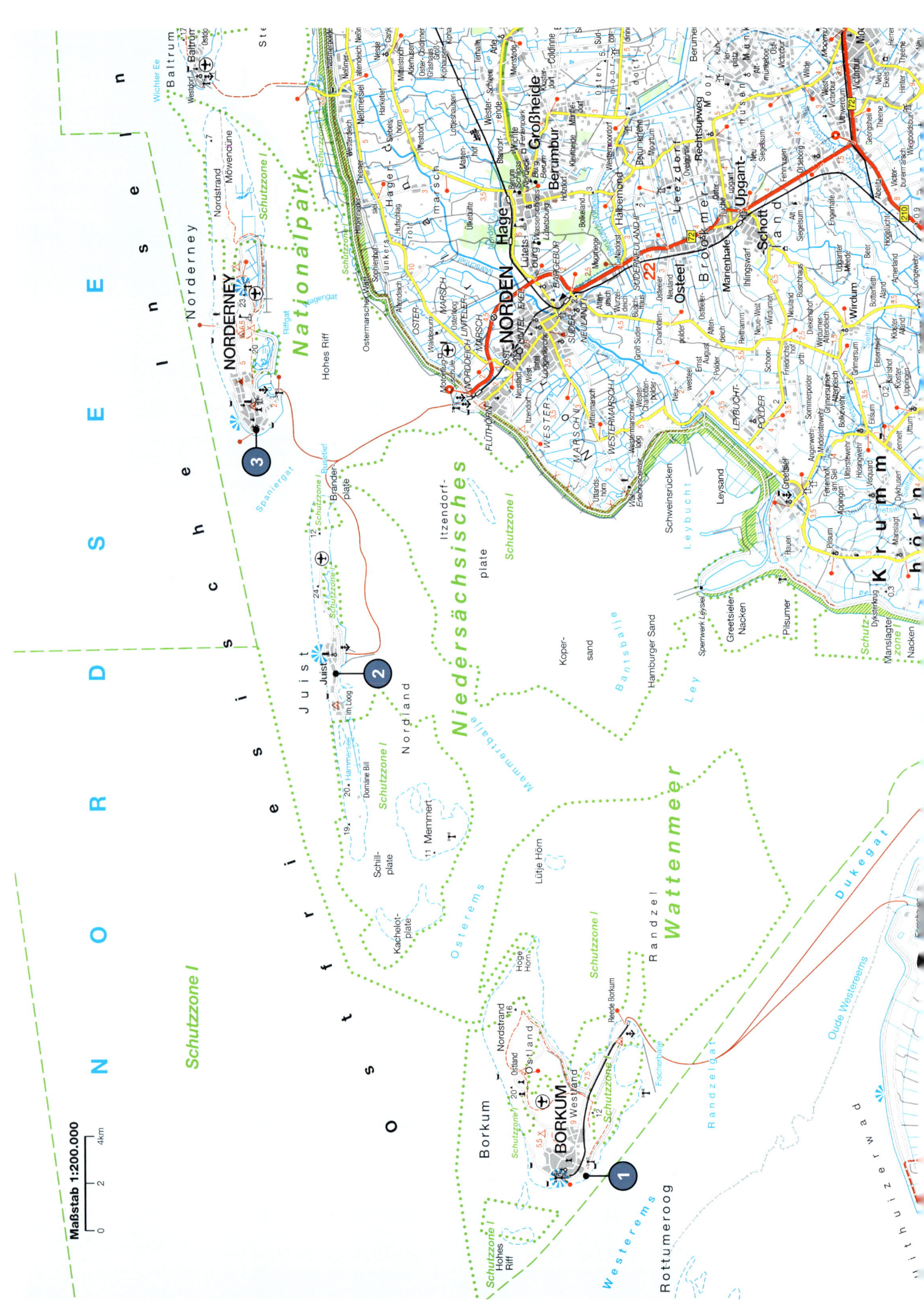

HIER IST FÜR JEDEN ETWAS DABEI

Paradies für Wasserratten, Extremsportler, Vogelkundler, Frischluftfanatiker, Kneipengänger und Wanderfreunde: Borkum, Juist und Norderney blicken auf eine lange Seebädertradition zurück. Und bieten dem Urlauber eine breite Palette – für Ruhebedürftige ebenso wie für Familien mit Kindern und für „Partylöwen".

❶ Borkum

Borkum (5200 Einw.) ist mit knapp 31 km² die größte der Ostfriesischen Inseln und die am westlichsten gelegene. Bis 1863 bestand Borkum aus den Teilinseln Westland und Ostland; das „Tüskendör" („Zwischendurch") markiert noch die einstige Nahtstelle. Erstmals erwähnt wurde die Insel 1398. Die Inselbewohner lebten mehr schlecht von Strandgut, bis der Walfang im 17. Jh. zeitweise Wohlstand brachte. Nach dessen Ende setzte Ende des 18. Jh. eine große Inselflucht ein. Erst mit dem Tourismus (ab 1834) änderte sich die Situation langsam.

Auf Borkum, seit 1850 anerkanntes Nordseeheilbad, herrscht ein pollenarmes und besonders jodhaltiges Hochseeklima, obwohl Autoverkehr – wenn auch eingeschränkt – weitgehend zugelassen ist. Die Insel kann mit seiner Dünenlandschaft, rund 25 km Sandstrand und der herrlich frischen Luft wuchern. An Borkums Strandpromenade wechseln sich eher hässliche Betonburgen mit gediegenen Bauten aus der Gründerzeit ab.

SEHENSWERT

Die Insel besitzt drei Leuchttürme. 1576 wurde der 45 m hohe **Alte Leuchtturm** erbaut, der bis 1879 Seefahrern den Weg wies; urspr. ein Kirchturm und abgebrannt, wurde er Ende des 19. Jh. wieder aufgebaut (Wilhelm-Bakker-Straße 4; zzt. Bauarbeiten). Als Ersatz errichteten die Borkumer 1879 den **Großen Leuchtturm,** auch Neuer Leuchtturm genannt, der bis heute Dienst tut (Goethestraße 1, Tel. 04922 77 99; Besichtigung April–Okt. tgl. 10.00–11.30 und 15.00–17.00, Mo., Mi., Fr. und Sa. auch 19.00–21.00, sonst Di., Fr. und So. 15.00 bis 16.30 Uhr). 1891 entstand am Südstrand der bis 2003 betriebene **Kleine Leuchtturm** (27 m).

MUSEEN

Im **Heimatmuseum „Dat Dykhus"** werden 300 Jahre Borkumer Geschichte präsentiert. Schwerpunkt ist die Historie des Walfangs, Attraktion das Skelett eines 15 m langen Pottwals (Roelof-Gerritz-Meyer-Straße/Am Alten Leuchtturm, Tel. 04922 48 60, www.heimatverein-borkum.de; Mitte März–Okt. Di.–So. 10.00 bis 17.00 Uhr, sonst kürzer). Das **Feuerschiff**

Borkumriff dient als Museumsschiff und Informationszentrum für den Nationalpark Wattenmeer und den Nordseeschutz (Am Neuen Hafen, Tel. 04922 20 30, www.feuerschiff-borkumriff.de; April–Okt. Di.–So. 9.45–17.15, Führungen stündl. 9.45–16.15; Nov.–März Di., Do. und Sa. 10.45–16.15, Führungen um 13.45 Uhr). An der Südpromenade ist das kleine **Nordsee Aquarium** zu finden (Von-Frese-Straße, Tel. 04922 15 88, www.nordseeaquarium-borkum.de; März–Okt. Di.–So. 10.00–17.00, sonst Mo., Mi., Sa. und So. 11.00–16.00 Uhr).

AKTIVITÄTEN

In der **Malschule** des Ateliers am Meer (Jann-Berghaus-Straße 1, Tel. 04922 99 05 55, www.atelier-am-meer.de) können Kurse in Acryl- und Aquarelltechniken belegt werden. Das **Gezeitenland** ist die Wohlfühloase auf der Insel; es gibt ein Erlebnisbad mit Saunalandschaft, Massagen, Packungen und Thalasso-Anwendungen. Dem Gezeitenland angeschlossen ist das Biomaris-Institut für angewandte Meereskosmetik (Goethestraße 27, Bad & Sauna Tel. 04922 93 36 00, Wellness & Kur Tel. 04922 93 36 50).

VERANSTALTUNGEN

In der Nacht vom 5. auf den 6. Dez. wird **Klaasohm** gefeiert, so etwas wie der „Nationalfeiertag" der Insulaner. Gesitteter geht es bei der alljährlichen **Promenadenfete** im Sommer zu, die den ganzen Tag über Live-Musik, Mitmach-Aktionen für Kinder und buntes Markttreiben bietet und mit einem großen Feuerwerk ihren Abschluss findet. Bei den **Borkumer Jazztagen** (www.borkumerjazztage.de) an Pfingsten sind schon Größen wie Paul Kuhn aufgetreten.

INFORMATION

Tourist-Information, Am Georg-Schütte-Platz 5, 26757 Borkum, Tel. 04922 93 30, www.borkum.de

❷ Juist

Töwerland nennen die Juister auf plattdeutsch ihre Insel, was so viel wie Zauberland bedeuten soll. „Töwer" bedeutete im Altplattdeutschen

In einer früheren Borkumer Scheune residiert das „Upholm" (links). Inseltypisch sind die Strandzelte (rechts oben). Borkums Strandkarren dienen der Sicherheit (rechts unten).

Tipp

Mit rotem
Insel-Teppich

Einmal im Jahr wird Norderney zu einer
Art „Cannes der Nordsee": während
des Filmfestes Emden/Norderney. Statt
Kaviar und Austern gibt es Matjes, statt
Champagner Ostfriesentee. Dann bringen deutsche Berühmtheiten wie Sönke
Wortmann, Wolfgang Petersen, Joachim
Król und Hannelore Elsner seit über 25
Jahren Glamour auf die Insel. Das plü-
schige Ambiente im Norderneyer Kino
und die familiäre Atmosphäre machen
das Filmfest zu einem besonderen Er-
eignis. Während der Festival-Drehbuch-
preis in Zusammenarbeit mit dem
Adolf-Grimme-Institut vergeben wird,
entscheiden ansonsten die Kinobesucher über die Gewinnerfilme.

FILMFEST EMDEN/NORDERNEY
Kino im Kurtheater Norderney, Weststrandstraße 2, Tel. 04932 87 41 60,
www.filmfest-emden.de; Karten im
Kurtheater

Hexe; alten Quellen zufolge wurde die Insel so
bezeichnet, weil drei Inselbewohnerinnen
Ende des 16. Jh. der Hexerei beschuldigt und
verbrannt wurden. Das Eiland zwischen Borkum
und Norderney ist das schmalste der Ostfriesischen Inseln und ein wahres Naturparadies.
Je nach Gezeiten misst Juist teilweise nur 500 m
in der Nord-Süd-Ausdehnung, ist dafür mit
knapp 17 km die längste dieser Inseln. Gern
wird Juist (1800 Einw.) auch die schönste
Sandbank TOPZIEL der Welt genannt. Seit
1840 ist es staatlich anerkanntes Seebad.

SEHENSWERT
Das 1898 errichtete **Historische Kurhaus,**
auch „Weißes Schloss am Meer" genannt und
beeindruckendes Beispiel der Seebäder-Archi-
tektur an der Nordseeküste, beherbergt heute
ein Vier-Sterne-Hotel (www.kurhaus-juist.de).
2008 wurde mit dem 17 m hohen **Seezeichen**
auf der neuen Seebrücke ein neues Inselwahr-
zeichen geschaffen. Der **Wasserturm,** von
den Insulanern wegen seiner besonderen
Form auch „Doornkaatbuddel" genannt, wurde
1927 errichtet, als wegen des zunehmenden
Fremdenverkehrs die herkömmliche Wasser-
versorgung nicht mehr ausreichte. Das **Alte
Warmbad** (1899) beherbergt heute das Standes-
amt und einen Lesesaal. Der **Leuchtturm
Memmertfeuer** hat keine Bedeutung mehr
für die Schifffahrt. Der **Hammersee,** größtes
Süßwassergewässer der Ostfriesischen Inseln,
entstand Mitte des 17. Jh., als die verheerende
Petriflut von 1651 die Insel zeitweise zwei-
geteilt hatte. Am Westende Juists liegt das
Billriff, auf dessen Sandbänken bei Ebbe
gelegentlich Seehunde zu beobachten sind.

MUSEEN
Das **Küstenmuseum** im Loog präsentiert
Interessantes zur Juister Inselhistorie, aber
auch Ausstellungen zu Schifffahrt und Fischerei,
zur Seebädergeschichte und zum Küstenschutz (Loogster Pad 29, Tel. 04935 14 88, www.
kuestenmuseum-juist.de; April–Okt. Di.–Fr.
9.30–13.00 und 14.30–17.30, Sa. 9.30–13.00,
So. 14.30–17.00, sonst Di. und Sa.14.30 bis
17.00 Uhr). Das **Haus Siebje** repräsentiert die
Inselbauweise vor rund 200 Jahren (Heimat-
verein Juist, Friesenstraße 19, Tel. 04935 7 84 64).
Das **Nationalpark-Haus** ist im alten Insel-
bahnhof von 1936 untergebracht (Carl-Stegman-
mann-Straße 5, Tel. 04935 15 95, www.national
parkhaus-juist.de; Jan.–Okt. Di.–Fr. 9.30–12.30
und 15.00–18.00, Sa. und So. 15.00–18.00 Uhr).

HOTELS UND RESTAURANTS
Gediegener und komfortabler als im altehrwürdigen Strandhotel € € € € **Kurhaus Juist** geht
es wohl in kaum einem Haus an der gesamten
Küste zu (Strandpromenade 1, 26571 Juist, Tel.
04935 91 60, www.strandhotel-kur haus-juist.
de). Das € € / € **Haus Annatur** setzt konse-
quent auf „bio". Möbel mit Bio-Zertifikat,
Ökostrom und eine biologisch-vegetarische
Vollwertküche samt gemütlichem Ambiente
erwarten den Gast (Dellertstraße 14, 26571
Juist, Tel. 04935 91 81 0, www.annatur.de).
Im € € € / € € **Weißen Saal** des Kurhotels
lässt es sich in stilvollem Ambiente vortrefflich
speisen (Strandpromenade 1, 04935 91 60).
Spezialität der € € / € **Domäne Bill** im Westen
Juists (04935 12 12; Mi. Ruhetag) ist der Stuten,
ein selbst gebackenes Rosinenbrot.

VERANSTALTUNG
An Himmelfahrt lädt die Insel zum **Juister
Musikfestival** (www.juister-musikfestival.de).
Es wird gerockt, geswingt, von Reggae über
Jazz bis zur Folklore ist einiges im Angebot.

INFORMATION
Kurverwaltung, Strandstr. 5, 26571 Juist,
Tel. 04935 80 98 00, www.juist.de

Juister „Domäne Bill": der legendäre Rosinen-
stuten (links); Beachvolleyball beim Norder-
neyer „White Sands Festival" (rechts).

③ Norderney

Norderney existiert in heutiger Form erst seit
Mitte des 16. Jh. und ist damit die jüngste der
Ostfriesischen Inseln. Bereits 1797 durfte sie
sich Königlich-Preußisches Seebad nennen,
von 1819 bis 1866 Königlich Hannoversche
Seebadeanstalt – bis Preußen das Königreich
Hannover vereinnahmte. Auf der zweitgrößten
der ostfriesischen Eilande (26 km²) urlaubten
zuerst überwiegend die oberen Zehntausend;
Dichter und Komponisten ließen sich hier
inspirieren. Heute verzeichnet die Insel (6000
Einw.) über 3 Mio. Übernachtungen pro Jahr.
Schon von der Fähre aus fällt die urbane
Silhouette der Stadt Norderney ins Auge; dort
geht es in der Hauptsaison lebhaft zu – Ruhe
findet man in der weitläufigen Dünenlandschaft und an den Stränden.

SEHENSWERT
Rund um den Kurplatz versprüht Norderney
Charme vergangener Zeiten. Erst recht, wenn
dort zum Kurkonzert aufgespielt wird. Das 1840
errichtete **Conversationshaus** (Kurhaus)
zählt zu den bedeutendsten Profanbauten
Ostfrieslands (heute Spielbank). Das mondäne
Kurhotel wurde bereits 1837 erbaut und
diente dem hannoverschen Königshaus als
Sommerresidenz. Auch das **Kurtheater** (1894)
weckt mit seinem „plüschigen" Ambiente Erinnerungen an „anno dazumal" (Kino). Die **Windmühle Selden Rüst** („Selten Ruhe", 1862) ist
die einzige auf den gesamten Ostfriesischen
Inseln (Restaurant, Marienstraße 24, Tel. 04932
20 06, www.norderney-muehle.de). Vom 1872
bis 1874 errichteten, 54 m hohen **Leuchtturm**
genießt man einen herrlichen Rundblick (tgl.
14.00–16.00 Uhr). Im **Watt Welten Watten-
meer-Besucherzentrum Norderney** erfahren Besucher nicht nur, welche besonderen

Tiere und Pflanzen im Wattenmeer leben und wachsen, sondern auch, welche Probleme es beispielsweise mit dem Müll in der Nordsee und den Offshore-Anlage auf See gibt. (Am Hafen 2, Tel. 04932 20 01, www.nationalpark haus-norderney.de; März–Sept. tgl. 9.00–18.00, sonst tgl. 9.00–17.00 Uhr).

MUSEEN

Im **Bademuseum** ist u. a. die rund 200-jährige Geschichte des Staatsbades nachzuverfolgen (Am Weststrand 11, Tel. 04932 93 54 22, www. museum-norderney.de; Di.–So. 11.00–17.00 Uhr). 1937 wurde das **Heimatmuseum** in einem Nachbau einer Fischerkate eröffnet; wie die Fischer einst lebten und arbeiteten, ist hier zu sehen (Weststrandstraße 1, Tel. 04932 17 91, www.heimatverein-norderney.de).

AKTIVITÄTEN

Das **bade:haus norderney** gilt als größtes Thalassozentrum Europas – siehe auch S. 44 (Am Kurplatz, 04932 89 10, www.badehaus-norderney.de; tgl. 9.30–18.00 Uhr).

HOTELS UND RESTAURANTS

Norderney verfügt über eine Vielzahl Ferien-wohnungen und Appartements. Für höhere Ansprüche empfehlen sich u. a. das € € € € **Hotel Seesteg** (Damenpfad 36a, 26548 Nor-derney, Tel. 04932 89 36 00, www.seesteg -norderney.de) und das € € / € **Strandhotel Pique** (Am Weststrand 3–4, 26548 Norderney, Tel. 04932 93 93 0, www.hotel-pique.de). Das **Café Marienhöhe** besitzt Kultstatus, aller-dings haben zuletzt relativ hohe Preise und bisweilen unfreundlicher Service am positiven Image gekratzt (Damenpfad 42, Tel. 04932 686). Gourmets empfehlen das € € € € **N'eys** (Kai-serstraße 24, Tel. 04932 89 80, www.georgs hoehe.de) und das € € € € **Restaurant im (Hotel) Seesteg**. Coolste Location dürfte die € € / € **Milchbar** am Weststrand sein, in der es viel mehr als Milch gibt (Damenpfad 33, Tel. 04932 92 73 44, www.milchbar-norderney.de). Angesagt ist auch die € € € € / € € € **Weiße Düne**: Tagsüber mit Currywurst, Pommes und Krabben, verwandelt sich die Strandbar abends in ein Gourmet-Restaurant (Weiße Düne 1, Tel. 04932 93 57 17, www.weisseduene.com). In der Hauptsaison von Ende April bis Mitte September kann man an der Weißen Düne in Schlafstrandkörben übernachten, Meeresrau-schen inklusive; Buchung über die Tourist-Info oder über die Strandkorbvermietung.

VERANSTALTUNGEN

Norderney ist der „Sportcrack" der Ostfrie-sischen. Das **White Sands Festival** an Pfings-ten kombiniert ein hochkarätiges Beachvolley-ball-Turnier mit einer Windsurf-Regatta und vor allem mit Party ohne Ende (www.whitesands festival.de). Ein weiteres Highlight ist das Festi-val **Summertime@Norderney** am Nordstrand.

INFORMATION

Tourist-Information im Conversationshaus, Am Kurplatz 1, 26548 Norderney, Tel. 04932 89 19 00, www.norderney.de

BEI REGENPFEIFER & CO.

Der Nationalpark Wattenmeer dient zahlreichen Vogel-arten als Brutstätte oder Rastplatz. Auf Juist haben Hobby-Orni-thologen gleich drei interessante und landschaftlich unterschied-liche Vogelparadiese zur Auswahl.

In der Dünenlandschaft des Kalfamer an der Ostspitze der lang gezogenen Insel ist unter anderem die vom Aussterben be-drohte Zwergseeschwalbe zu beobachten. Während der Brutzeit von April bis Oktober ist der Zutritt nur im Rahmen von Füh-rungen möglich, ansonsten lediglich auf den markierten Wegen gestattet. Am Billriff geben sich Alpenstrandläufer, Kiebitzregen-pfeifer und Knutts ein Stelldichein. Zum Schutz der Vögel, aber auch wegen des Treibsands, ist der Zutritt hier ebenfalls nur ein-geschränkt möglich. Auch am Hammersee herrscht reges Treiben der gefiederten Freunde. Es rasten Blässhühner, Haubentaucher sowie zahlreiche Entenarten.

Ein gutes Fernglas gehört zur Grundausstattung, um Küstenseeschwalben und andere gefiederte Wattenmeer-Bewohner zu beobachten.

Ein Spitzenerlebnis für Vogelliebhaber ist die Insel Mem-mert, südwestlich von Juist und seit 1907 Vogelschutzgebiet. Dort befindet sich einer der in Europa äußerst seltenen Brutplätze des Löfflers. Auch die Heringsmöwe, der Kormoran, diverse See-schwalbenarten und Watvögel brüten auf dem Eiland. Scharen von Schnepfenvögeln, Regenpfeifern, Wasser- und Strandläufern, Sä-belschnäblern und Austernfischern leben vorübergehend nahe der Sandbank. Memmert darf allerdings nur mit schriftlicher Geneh-migung der Nationalparkverwaltung, nur außerhalb der Brutzeit und ausschließlich unter fachkundiger Führung betreten werden.

Sie möchten mehr über das fragile Ökosystem des Watten-meers erfahren? Dann bietet sich schließlich noch ein Abstecher ins Nationalpark-Haus von Juist an.

Nationalpark-Haus Juist, Carl-Stegmann-Straße 5, Juist, Tel. 04935 15 95, www.nationalparkhaus-wattenmeer.de/juist; Jan.–Okt. Di.–Fr. 9.30–12.30 und 15.00–18.00, Sa. und So. 15.00–18.00 Uhr

Östliche Inseln

*

GANZ SCHÖN „SUTSCHE"

*

Baltrum, Langeoog, Spiekeroog und Wangerooge markieren das östliche Ende der Ostfriesischen Inseln. Hier geht es überwiegend „sutsche" zu, wie man im Norden zu sagen pflegt: ruhig und gemütlich. Wunderbar lässt es sich einen Gang runter schalten, was keineswegs wörtlich zu verstehen ist, denn alle vier Inseln sind autofrei. Schnell hat man hier die Alltagshektik vergessen.

Orientierungspunkt für alle Reisenden:
Wangerooges Neuer Leuchtturm

Zwischen West- und Ostdorf liegt Baltrums kleiner See.

Schlichte Strandburgen reichen auf Baltrum nicht – immer wieder wird neuer Ehrgeiz geweckt.
Ansonsten geht es auf der Insel geruhsam zu. Es sei denn, die Brandung wird erreicht.

Strandgymnastik gehört auf Baltrum dazu.

Es soll doch tatsächlich Ignoranten geben, die behaupten: „Kennt man eine der Ostfriesischen Inseln, kennt man sie alle." „Dumm Tüch", „dummes Zeug", entgegnen die Ostfriesen zu Recht. Baltrum, Langeoog, Spiekeroog und Wangerooge eint zwar, dass die Uhren hier etwas langsamer ticken als beispielsweise auf dem mondäneren Norderney. Und doch haben sie alle ihren eigenen Charme und ihre Besonderheiten. Wangerooge besitzt zudem das Alleinstellungsmerkmal, streng genommen gar keine Ostfriesische Insel zu sein. Denn das Eiland gehört historisch gesehen zum friesischen Jeverland, also zu Oldenburg.

MUSIKALISCHES DORNRÖSCHEN

Spötter behaupten, der Name Baltrum leite sich davon ab, dass man bei einem Spaziergang „bald rum" sei. Das Eiland liegt zwar in der Mitte der ostfriesischen Perlenkette, ist aber wahrlich nicht der Nabel der Welt. Die Insulaner selbst haben ihm den Namen „Dornröschen der Nordsee" gegeben. Entweder man kommt einmal und nie wieder, weil man Baltrum eher als „Aschenputtel" wahrnimmt, oder man wird Stammgast auf Jahrzehnte, weil man es dort so märchenhaft schön findet. An Baltrum scheiden sich jedenfalls die Geister.

Geradezu gespenstisch ging es zu, als der schwedische Regisseur von Weltruf, Ingmar Bergmann, 1967 seinen Film „Die Stunde des Wolfs" auf Baltrum drehen ließ. Ein cineastischer Albtraum von einem Maler, der auf der einsamen Nordseeinsel neue Inspiration suchte, doch stattdessen im Reich der Dämonen endete. Dem großen deutschen Expressionisten Paul Klee ging es 1923 ganz anders. Er konnte sich ganz offensichtlich von der wunderbaren Dünenlandschaft und der beschaulichen Atmosphäre inspirieren lassen. Jedenfalls entstanden eine Reihe von Aquarellen, die „Nordseebilder" mit Titeln wie „Häuser an der Düne", „Wattenmeer" und „Dünenflora". Paul Gauguin, der auch Klee maßgeblich beeinflusst hatte, musste extra in die Südsee fahren, um von der Muse geküsst zu werden, Klee reichte Baltrum. Der Biograf des Malers behauptet jedenfalls, der Aufenthalt auf der Nordseeinsel hätte das spätere Werk des Künstlers entscheidend geprägt.

Eines ist jedenfalls sicher: Auch die Insulaner fühlen sich in besonderem Maße von ihrer Heimat inspiriert. Auf keiner der Ostfriesischen Inseln geht es so musikalisch zu wie auf Baltrum. Selbstverständlich ohne großen technischen Schnickschnack – „unplugged", wie so etwas heutzutage heißt. Der

DEM RÖMERWORT »FRISIA NON CANTAT — FRIESLAND SINGT NICHT« ZUFOLGE HABEN DIE KÜSTENBEWOHNER SEIT JEHER GENUG DAMIT ZU TUN, IHR LAND GEGEN DIE SEE ZU SICHERN. WAREN DIE RÖMER JEMALS AUF BALTRUM?

Flächenmäßig gehört Wangerooge zwar zu den kleinen Ostfriesinnen, für Familien ist die Insel allerdings die größte. Und damit der Ferienspaß ungetrübt bleibt, wacht auch hier der Strandservice in seinem Karren über das Badeleben.

Shanty-Chor schmettert seit 1985 Seemannslieder nicht mehr nur auf der Insel, sondern hat längst auch das Festland „geentert" und sogar diverse CDs veröffentlicht. Gegründet haben die Männer den Chor, um den Baltrumer Frauen nicht nachzustehen. Denn die hatten bereits lange zuvor eine Gitarrengruppe ins Leben gerufen. Anfangs spielten sie aufgrund von akutem Instrumentenmangel noch auf selbst gebastelten Klangkörpern, auf mit Draht bespannten Zigarrenkisten. Logisch, dass bei derartig ausgeprägter Kreativität auch die Gäste musikalisch aktiv sind. Seit den 1950er-Jahren treffen sie sich Sommer für Sommer fast täglich am Strand, um gemeinsam zu singen. Dass die Kröten, die im Großen Dünental ihr Frühlings-Konzert geben, „Baltrumer Nachtigallen" genannt werden, sei nur am Rande erwähnt.

»LEGALE DROGE WANGEROOGE« — SO BEZEICHNEN DIE INSULANER IHRE INSEL UND DEREN WIRKUNG AUF BESUCHER VOM FESTLAND.

„PRÄSIDENTENSUITE" IM GRÜNEN

Spiekeroog scheint deutsche Bundespräsidenten magisch anzuziehen. Sowohl Gustav Heinemann als auch Walter Scheel, Richard von Weizsäcker und vor allem Johannes Rau verbrachten auf der Nordseeinsel ihren Urlaub. Rau tauschte, so oft es seine Zeit eben erlaubte, Schloss Bellevue mit einem inoffiziellen Amtssitz auf Spiekeroog. Er hatte eine genaue Vorstellung davon, wie ein perfekter Sommertag dort auszusehen hat: auf keinen Fall den Wecker stellen, sondern schlafen, bis man wach wird. Danach bitteschön gemütlich auf der Veranda frühstücken und anschließend in Ruhe nach-

Retrodesign zeichnet im gleichnamigen Langeooger Hotel nicht nur den Frühstücksraum aus.

Auf dem Holzweg ist man auf Langeoog richtig und quert damit vorschriftsmäßig den empfindlichen Dünengürtel.

Das Langeooger Nachtleben verläuft vergleichsweise geruhsam, „Hotspot" ist die Mittelstraße.

Sie sehen wilder aus, als sie sind: Schottische Hochlandrinder am Großen Schloop, wo die „Weihnachtsflut" von 1717 die Dünenkette durchbrach und die Insel eine Zeit lang teilte

Bearbeitete Walzähne in Langeoogs Schifffahrtsmuseum erinnern an Walfängerzeiten.

»WOLKEN, WIND UND MÖWENSCHREI, ALS OB MENSCH UND ZEIT NICHT SEI.«

Hermann Claudius 1957 über Langeoog

sehen, ob das Schiff mit den aktuellen Zeitungen angelegt hat. Für den Winter hatte der 2006 verstorbene Politiker ebenfalls einen exzellenten Plan parat: „Alles genau so machen wie im Sommer, nur die Heizung höher drehen."

Spiekeroog ist ein Hort der Ruhe. Hier geht es tatsächlich so zu, wie es die Werbung für eine friesische Biermarke verspricht: Keine Staus. Keine Termine. Keine Hektik. Kein Stress. Keine Kompromisse. Was auch heißt: kein Flughafen, keine Busse, keine Autos und möglichst noch nicht einmal Fahrräder. Viel zu hektisch diese Raser auf zwei Rädern.

Die schnuckeligen Häuser im Inseldorf, mit hübsch verglasten Wintergärten und grün getünchten Zäunen davor, ducken sich im Schutz mächtiger Linden und Kastanien. Das älteste von ihnen wurde 1705 errichtet. Sein Bauherr war ein Pfiffikus: Er sorgte für den Fall einer Sturmflut vor und konstruierte das Dach seines Hauses geschickterweise so, dass es im Katastrophenfall als Floß dienen konnte.

Spiekeroog ist wohl nicht nur die beschaulichste, sondern auch die grünste der Ostfriesischen Inseln. Was in erster Linie einem Oberforstdirektor aus Hannover zu verdanken ist. Als er Mitte des 19. Jahrhunderts als Gast auf der

Insel weilte, begann er, das erste Wäldchen anzulegen. Den Insulanern gefiel die Idee, und sie taten es ihm nach. Schwarzkiefern, Eichen, Erlen, Ebereschen, Zitterpappeln und Birken, aber auch die weitverbreiteten Krähenbeerheiden, gediehen und gedeihen prächtig und geben der Insel ihr charakteristisches grünes Kleid.

DEM SIEBTEN HIMMEL NÄHER

Wangerooge traute sich als Erste. Der Alte Leuchtturm auf der Insel ist seit 1996 Außenstelle des Standesamtes, in der heiratswillige Paare in eine gemeinsame Zukunft aufbrechen können. Weit über 5000 Brautpaare haben sich seitdem hier das „Ja-Wort" gegeben. Vielleicht weil sie sich in rund 30 Metern Höhe in der einstigen Wachstube des Leuchtturmwärters dem siebten Himmel etwas näher fühlen? Vielleicht auch, weil die Hochzeitsfotos endlich mal nicht so aussehen wie die von Freunden und Bekannten? Denn die werden gleich nach der Trauung auf der stets windigen Aussichtsplattform gemacht, wehende Hochzeitskleider und zerzauste Frisuren inklusive. Romantisch ist eine Leuchtturm-Hochzeit auf Wangerooge sowieso. Aber auch überaus praktisch. Weil man die Flitterwochen gleich auch noch auf der Insel verbringen kann.

Spiekeroog hält für seine Besucher einige Zerstreuung bereit: Krabbenjagd bei einsetzender Ebbe beispielsweise (oben) oder eine Shoppingtour durch das Noorderloog (Mitte rechts). Sanddorn wächst in den Dünen von Spiekeroog, ist sauer und sehr gesund (Mitte links).

Hier gilt es vor allem, über Wasser zu bleiben: Papierbootregatta im Spiekerooger Hafen

In Spiekeroogs Inselkirche erinnern Votivschiffe an prekäre
Situationen auf See und die glückliche Rettung.

1969 konnte der Alte Leuchtturm nach immerhin 113 stolzen Dienstjahren seiner ursprünglichen Bestimmung nicht mehr nachkommen. Obwohl in den 1920er-Jahren noch auf 39 Meter erhöht, reichte seine Leuchtkraft nicht mehr aus, um den Schiffen in der Nordsee den sicheren Weg zu weisen. Dies übernimmt seitdem der von Schillig aus ferngesteuerte Neue Leuchtturm.

Doch damit nicht genug zur wechselhaften Geschichte der Wangerooger Leuchtfeuer: Schließlich leistet sich die Insel nach wie vor gleich drei Exemplare. Der Westturm, bereits um 1600 erbaut, kann auf ein bewegtes Leben zurückblicken. Mitte des 19. Jahrhun-

derts bekam er nasse Füße, nach einer Sturmflut und wegen Wangerooges ausgeprägter Neigung, im Wattenmeer herumzuwandern. 1914 wurde er schließlich kurzerhand in die Luft gejagt, aus Sorge, die englische Marine könnte durch ihn allzu leicht zum kaiserlichen Marinestützpunkt in Wilhelmshaven geführt werden.

Heute beherbergt der in den 1930er-Jahren fast originalgetreu nachgebaute neue Westturm die Jugendherberge der Insel. Und es sollte doch nicht wundern, wenn einige der Jugendlichen später einmal wiederkommen, um im Alten Leuchtturm von Wangerooge in den Hafen der Ehe einzulaufen.

Auf der Welterbeliste der UNESCO

WUNDERWELT
WATTENMEER

Es wurden keine tanzenden Wattwürmer gesichtet, keine feucht-fröhlichen Partys auf den Seehundbänken gefeiert. Auch drehten Austernfischer keine Salti in der Luft an jenem 26. Juni 2009. Dabei hätten die Wattbewohner an diesem Tag allen Grund zur Freude gehabt. Das gesamte Wattenmeer – und mittendrin der Nationalpark Niedersächsisches Wattenmeer – wurde zum UNESCO-Weltnaturerbe ernannt.

D amit steht das Wattenmeer an der ostfriesischen Küste, bereits 1986 zum Nationalpark ernannt, noch einmal unter ganz besonderem Schutz und befindet sich in illustrer Gesellschaft mit solch weltberühmten Naturwundern wie dem Great Barrier Reef in Australien, dem Grand Canyon in den USA und den Galapagos-Inseln im Pazifik. Die Jury der UNESCO nannte das Wattenmeer „eine überragende Naturerscheinung von außergewöhnlicher Naturschönheit und ästhetischer Bedeutung". Vor allem aber ist es eine weltweit einzigartige Landschaft. Was für den Laien auf den ersten Blick wie eine scheinbar end- und leblose Fläche gräulich-brauner „Matschepampe" aussieht, ist in Wirklichkeit ein äußerst sensibles Ökosystem. Kinderstube und Lebensraum für rund 10 000 hoch spezialisierte Pflanzen- und Tierarten. Überall kribbelt

Mit Heino Behring wird eine Juister Wattführung sehr kurzweilig.

und krabbelt es, Tausende von Lebewesen kreuchen und fleuchen in nur einem Kubikmeter Watt. 50 000 Schlickkrebse und mehr teilen sich ihre Wohnung mit genau so vielen Wattschnecken.

NUR DIE PFIFFIGSTEN ÜBERLEBEN
Die ständige Veränderung durch Ebbe und Flut verlangt den Wattbewohnern einiges ab. Man muss sich das ungefähr so vorstellen, als würde man täglich zweimal durch

die Waschmaschine geschleudert und anschließend in den Trockner gesteckt werden. Die Lebewesen in den Prielen, auf den Sandbänken und im Schlick – die Muscheln, Schnecken und Krebse – haben sich die ungewöhnlichsten Taktiken „ausgedacht", um zu überleben. Und auch die Pflanzen in den Salzwiesen haben den Dreh raus. Der Queller beispielsweise verdünnt den hohen Salzgehalt des Nordseewassers, indem er sich einen eigenen Süßwasserspeicher anlegt.

Viele Inselbesucher stellen sofort die Frage: Wo sind die Seehunde? Einige Wattführungen, aber auch Ausflugsfahrten führen zu den Seehundbänken. Weil an Menschen auf Schiffen gewöhnt, sind die ersehnten Tiere dort auch meist anzutreffen.

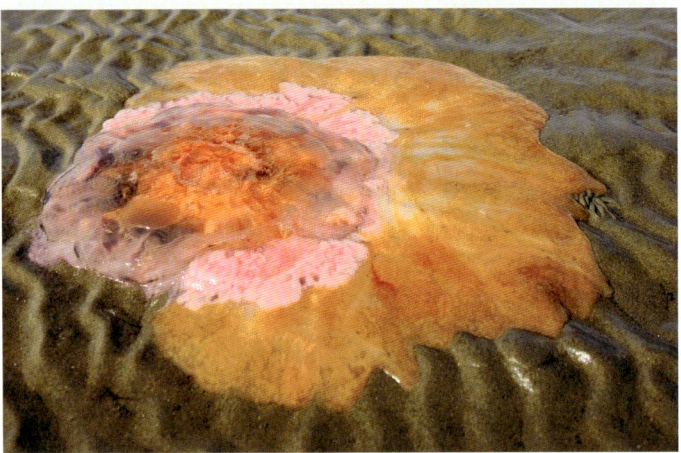

Weitaus präsenter für den Menschen sind die Millionen Vögel, die das Wattenmeer – das vogelreichste Gebiet in Mitteleuropa – als Rast- oder Brutstätte nutzen. Am häufigsten lassen sich verschiedene Gänse- und Entenarten, Alpenstrandläufer und Heringsmöwen sowie Säbelschnäbler und Pfuhlschnepfen blicken. Unüberhörbar sind die Trillerzeremonien der Austernfischer. Die „Stars" im Watt sind jedoch die Seehunde und Kegelrobben, deren Population sich aufgrund intensiver Bemühungen stabilisiert und zum Teil sogar vergrößert hat.

NICHT NUR SONNENSCHEIN

Im Vorfeld der Nominierung zum Welterbe war im Prozedere der (Watt-)Wurm drin. Hamburg stieg aus dem Vertrag aus, weil es auf einer Elbvertiefung bestand. Die Hansestadt erklärte jedoch noch am Tag der Ernennung, dass sie ihren Teil des Wattenmeeres bei der UNESCO nachnominieren lassen wolle. Und seit dem 27. Juni 2011 darf sich auch das Hamburgische Wattenmeer Weltnaturerbe nennen. Nicht alle sind nach der Ernennung in grenzenlosen Jubel ausgebrochen. So moserte der Wattenrat, ein Zusammenschluss ostfriesischer Naturschützer, zum Titel passe es so gar nicht, dass vor Borkum riesige Off-Shore-Anlagen zur Nutzung der Windkraft gebaut würden. Auch die exzessive Freizeitnutzung an der Küste sei nicht eben preiswürdig. Zudem befürchtet der Wattenrat, dass der Tourismus durch den Welterbestatus noch zunimmt. Doch auch hier gilt die uralte Weisheit, dass der Mensch vor allem für das Interesse hat, was er kennt und schätzt. Deshalb wird es in Zukunft darauf ankommen, ein Gleichgewicht zwischen den Interessen des Wattwurms und der Wirtschaft herzustellen – eine nicht eben dankbare Aufgabe mit reichlich Zündstoff.

Fakten

. . . .

Das gesamte Wattenmeer vom niederländischen Den Helder bis hinauf nach Dänemark erstreckt sich über eine Länge von etwa 450 km und maximal 40 km Breite, seine Fläche beträgt ca. 9000 km². Rund 30 % des Gebiets gehört zu den Niederlanden, 60 % zu Deutschland und 10 % zu Dänemark. Die Grenzen des Niedersächsischen Wattenmeers (Gesamtfläche 2777 km²) sind im Westen der Dollart, im Osten die Außenelbe bei Otterndorf.

Informationen bei der **Nationalparkverwaltung Niedersächsisches Wattenmeer**, Virchowstraße 1, 26382 Wilhelmshaven, Tel. 04421 91 10, www.nationalpark-wattenmeer.de/nds

Thalasso-Nordseeheilbad Neuharlingersiel
Authentisches Fischerdorf am UNESCO-Weltnaturerbe Wattenmeer

Hier liegen die Nordsee und das UNESCO-Weltnaturerbe Wattenmeer direkt vor Ihrer Tür und wehen Ihnen eine frische Brise um die Nase. Besuchen Sie den idyllischen Kutterhafen, der das Herzstück des 300 Jahre alten Fischerdorfes und seit jeher das Fenster zum Meer ist. Hier trifft man sich zum Klönen in maritimer Atmosphäre und begegnet echten Fischern. Neuharlingersiel ist ein Ort der kurzen Wege: In nur wenigen Schritten erreichen Sie den Hafen und die Strände (Sand- und Grünstrand), den historischen Sielhof aus dem Jahr 1755 sowie das BadeWerk Neuharlingersiel mit dem

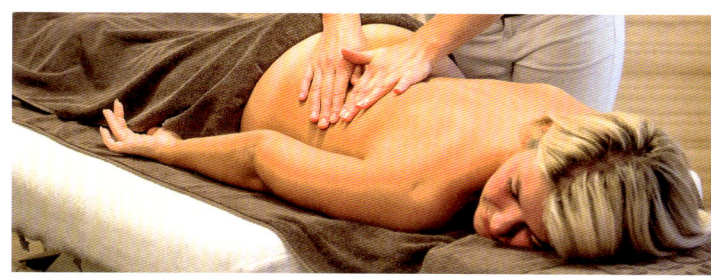

bereits zum vierten Mal in Folge als einzige Einrichtung in Deutschland mit der Bestnote fünf Medical Wellness Stars ausgezeichnet. Das Qualitätssiegel garantiert Wohlfühlen mit höchster geprüfter Qualität. Entspannende Wellness und medizinische Anwendungen sind bei uns perfekt miteinander verbunden.

Gleich hinter dem Deich befindet sich der Nordsee-Campingplatz mit modernen Sanitärgebäuden. Seine besondere Lage lockt nicht nur leidenschaftliche Camper an.

30° C Meerwasser-Hallenbad, der großen Sauna-Landschaft und dem Thalasso- und Wellnessbereich. Lassen Sie sich vom einzigartigen und heilenden Neuharlingersieler Naturschlick verwöhnen, der bei Thalasso-Anwendungen im BadeWerk Neuharlingersiel zum Einsatz kommt. Mittlerweile hat sich das BadeWerk Neuharlingersiel als einer der besten Thalasso-Einrichtungen Deutschlands etabliert und wurde im September 2020

Seien Sie aktiv und genießen Sie: Baden und Surfen, Spaziergänge an der frischen Nordseeluft, Sport und Entspannung, Führungen, Vorträge, Konzerte, Comedy, Ausflüge mit dem Fischkutter oder Wattwanderungen. Zahlreiche Veranstaltungen sorgen für viel Unterhaltung und Kurzweil.

Wir Sieler freuen uns auf Sie.

www.neuharlingersiel.de

NEU HARLINGER SIEL
www.neuharlingersiel.de
Nordseeheilbad

DIE SEELE
BAUMELN LASSEN

Der Jet-Set hat zwar kein Einreiseverbot, aber er verirrt sich auch nur höchst selten nach Baltrum, Langeoog, Spiekeroog und Wangerooge. Statt Kaviar gibt es hier Kaffee und Kuchen. Und statt Glamour und Gucci viel Ruhe. Auf den weitläufigen Sandstränden lässt man Drachen steigen und in der herrlichen Dünenlandschaft die Seele baumeln.

① Wangerooge

Auf dem knapp 8 km² großen Eiland wohnen noch nicht einmal 1000 Insulaner. Erwähnt wurde Wangerooge erstmals im frühen 14. Jh. In seinem Namen bezieht sich die Insel (Oog) wohl auf die gegenüberliegende Festlandsregion Wangerland. Nachdem Wangerooge im späten 18. Jh. mit Jever unter die Herrschaft der späteren Zarin Katharina der Großen fiel und 1804 den Status eines Seebades zugesprochen bekam, gehörte es anschließend kurzzeitig zu Holland und Frankreich. Ab 1818 hatten wieder die Großherzöge aus Oldenburg das Sagen auf der Insel. Kurz vor dem Ende des Zweiten Weltkriegs war Wangerooge Ziel eines alliierten Bombenangriffs. Einige Bausünden aus den 1960er- und 1970er-Jahren machen die Insel nicht gerade zu einem architektonischen Kleinod, dafür lockt die Flaniermeile der Zedeliusstraße mit Gastronomie und Geschäften. Der feine Sandstrand liegt mit seinen Strandkörben ganz in der Nähe des Zentrums.

Sorgen für Sicherheit: Wangerooges Strandwärter (links) und Wangerooges Neuer Leuchtturm (rechts).

SEHENSWERT
Der rot-weiße **Alte Leuchtturm,** 1856 errichtet, 1927 auf 39 m aufgestockt und 1969 endgültig erloschen (Zedelius-Straße 3, Tel. 04469 83 24, www.leuchtturm-wangerooge.de; tgl. 10.00 bis 12.00 und 14.00–17.00 Uhr), wurde vom 67 m hohen **Neuen Leuchtturm** abgelöst (nicht zu besichtigen). Der **Westturm,** Wahrzeichen der Insel und 1932 nach dem Vorbild seines Vorgängers aus dem 16./17. Jh. errichtet, beherbergt eine Jugendherberge. Das **Nationalpark-Haus Wangerooge** informiert u. a. über Flora und Fauna im Wattenmeer (Friedrich-August-Straße 18, Tel. 04469 83 97, www.nationalpark haus-wattenmeer.de/nationalpark-haus-wanger ooge; Mitte März–Okt. Di.–Fr. 9.00–13.00 und 14.00–18.00, Sa., So. und Fei. 10.00–12.00 und 14.00–17.00, sonst Di.–Fr. 10.00–13.00 und 15.00–17.00, Sa., So. und Fei. 14.00 bis 17.00 Uhr).

MUSEUM
Das **Heimatmuseum** ist im Alten Leuchtturm untergebracht (Zedeliusstraße 3, Tel. 04469 83 24, www.leuchtturm-wangerooge.de; Mi.–Fr. 17.00–19.00, Sa. 11.00–14.00 Uhr).

AKTIVITÄTEN
Das **Meerwasser-Erlebnisbad Oase** mit Innen- und Außen-Schwimmbecken lockt u. a. mit einer Riesenrutsche (Obere Strandpromenade, Tel. 04469 9 91 46; Ostern bis Okt. Mo. bis Do. 8.30–19.00, Fr. 12.30–21.00, Sa. und So. 12.30–19.00 Uhr).

HOTEL UND RESTAURANT
Erstes Haus am Platze ist das € € € **Parkhotel Wangerooge**: moderne Zimmer und Suiten in einer klassizistischen Villa mit schönem Garten (Dorfplatz 16, 26486 Wangerooge, Tel. 04469 87 08 0, www.wangerooge-hotel.de).
Das **Café Pudding** (Tel. 04469 220, www.cafe -pudding.de) an der Strandpromenade ist der Treffpunkt auf der Insel.

VERANSTALTUNG
Seit einigen Jahren steigt im späten Frühjahr im Wangerooger Rosengarten das Friesenwoodstock, ein Festival mit Künstlern, die überwiegend aus der Region stammen. Ende Aug. steigt das **Drachenfest.**

INFORMATION
Obere Kurverwaltung, Nordseeheilbad Wangerooge, Strandpromenade 3, 26486 Wangerooge, Tel. 04469 990, www.wangerooge.de

② Spiekeroog

Spiekeroog **TOPZIEL** wird gern auch die „Grüne Insel" genannt, weist sie doch weit mehr Baumbestand auf als ihre Schwestern. Erstmals erwähnt wurde das 18 km² große autofreie Eiland (820 Einw.) 1398, seit 1846 darf es sich Seebad nennen. Vor rund 300 Jahren erlangte Spiekeroog durch die Vereinigung mit Lütjeoog und Oldeoog seine heutige Größe. Spiekeroog ist ein nahezu perfekter Ort für all diejenigen, die Ruhe suchen und Urlaub im Einklang mit der Natur verbringen möchten.

Neben der einzigartigen Dünenlandschaft – mit der Hohen Düne (24 m) besitzt Spiekeroog den höchsten „Berg" Ostfrieslands –, wunderbaren Stränden und stillen Wäldchen reizt vor allem der idyllische Inselort.

SEHENSWERT

Auf Spiekeroog steht die älteste noch erhaltene Kirche der Ostfriesischen Inseln. Dabei ist die **Alte Inselkirche** (Tranpad 15, Tel. 04976 257) von 1696 noch nicht einmal das erste Gotteshaus, das hier geweiht wurde. Betrachtenswert sind u. a. die Apostelbilder und die aus Treibholz gefertigte Kanzel.

MUSEEN

Im kuriosen **Muschelmuseum** über der Spiekerooger Kurverwaltung geht es nur bedingt wissenschaftlich zu; statt lateinischer Fachbezeichnungen erhielten die Funde Fantasienamen (Noorderpad 18, Tel. 04976 91 93 01; Mo.–Fr. 9.00–17.00, Sa. und So. 9.00–12.30 Uhr). Das **Inselmuseum** präsentiert in einem früheren Kapitänshaus von 1715 Exponate aus mehreren Jahrhunderten Inselgeschichte (Noorderloog 1, Tel. 04976 256, www.inselmuseum-spiekeroog.de; niedersächsische Oster- bis Herbstferien Di.–So. 15.00–17.30 Uhr).

HOTELS

Das traditionsreiche € € / € **Hotel zur Linde** im Ortskern ist eine Oase der Ruhe und vereint stilvolles Ambiente mit modernen, komfortablen Zimmern (Noorderloog 5, 26474 Spiekeroog, Tel. 04976 9 19 40, www.hotelzurlinde.eu). Ähnliches gilt für das € € € **Hotel Inselfriede** (Süderloog 12, 26474 Spiekeroog, Tel. 04976 91 92 0, www.inselfriede.de).

INFORMATION

Kurverwaltung, Nordseebad Spiekeroog, Noorderpad 25, 26474 Spiekeroog, Tel. 04976 919 31 01, www.spiekeroog.de

Tipp

Auf dem Pferderücken

....

Die Reitschule Petschat auf Spiekeroog bietet täglich Ausritte durch die Dünen und am Spiekerooger Strand entlang, die in der Regel anderthalb Stunden dauern. Teilnehmer müssen die drei Grundgangarten (Schritt, Trab und Galopp) beherrschen. Höhepunkt ist der dreieinhalbstündige Ausritt ans östliche Ende Spiekeroogs. Alternativ kann mit zwei PS auf einer gemütlichen Kutschfahrt die Insel erkunden.

WEITERE INFORMATION

Reitschule Klaus Petschat, Achter'd Diek 13, Spiekeroog, Tel. 04976 14 01, www.reitschule-petschat.de

Erinnerung aus Seefahrerzeiten: Spiekeroogs Friedhof (links); Wasserturm und Lale Andersen auf Langeoog (rechts).

③ Langeoog

Der Name Langeoog (Lange Insel) kommt nicht von ungefähr. Die rund 20 km² große und autofreie Insel (1900 Einw.) bietet einen 14 km langen Sandstrand. Eine erste Erwähnung datiert von 1398, als der Ostfriesen-Häuptling Widzel tom Brok dem Herzog Albrecht von Bayern das Lehen über „Langeoch" übertrug; besiedelt soll das Eiland aber bereits im frühen 13. Jh. gewesen sein. Nach der Weihnachtsflut 1717 wanderten bis auf vier Familien alle Langeooger aus. Der erste Badegast entdeckte 1830 die herrliche Dünenlandschaft. Die wohl bekannteste Einwohnerin von Langeoog war die Sängerin Lale Andersen (1905–1972; „Lili Marleen"), die ihre letzte Ruhestätte auf dem Dünenfriedhof gefunden hat. 1901 zunächst als Pferdebahn in Betrieb genommen, bringt die Langeooger Inselbahn Touristen heute mit Dieselkraft vom Anleger ins Dorf.

SEHENSWERT

Wahrzeichen ist der 1908 aus weißem Wellblech und rotem Backstein erbaute **Wasserturm**. Ganz in der Nähe wurde 2005 eine Bronzeplastik von Lale Andersen aufgestellt. Sehenswert ist das Altarbild des Malers Hermann Buß in der ev. **Inselkirche** aus dem späten 19. Jh. Den Glockenturm der kath. Kirche nennen die Insulaner etwas abfällig „Nonnenrutsche" oder „Möwenrutschbahn". Die 20 m hohe **Melkhorndüne** erlaubt einen schönen Rundblick über die Insel. In der Nähe bietet das Vogelwärterhäuschen Informationen für Hobby-Ornithologen – überhaupt ist Langeoog, speziell an der Meierei Ostende, ein Paradies für Vögel und für Vogelliebhaber.

MUSEEN

Im **Schifffahrtsmuseum** sind zahlreiche Schiffsmodelle zu sehen, außerdem u. a. historische Protokolle von Rettungseinsätzen der Deutschen Gesellschaft zur Rettung Schiffbrüchiger (DGzRS). Im dazugehörigen **Nordsee-Aquarium** tummeln sich Nordseebewohner (Haus der Insel, 04972 69 32 11; niedersächsi-

sche Oster- bis Herbstferien). Das **Heimatmuseum Seemannshus** erzählt von den Inselbewohnern in den vergangenen Jahrhunderten (Caspar-Döring-Pad/Mittelstraße, Tel. 04972 861; März–Okt. Mo./Mi. und Sa./So. 14.00–16.00 Uhr, sonst nur Sa. 14.00 bis 16.00 Uhr).

AKTIVITÄTEN

Das **Meerwasser-Freizeit- und Erlebnisbad** ist u. a. mit Wellenbecken, Großrutsche, Eltern-Kind-Becken und Saunalandschaft (inkl. Dünensauna) ausgestattet (Kurstraße 5, Tel. 04972 69 32 41; Erlebnisbad, Di.–So. 10.00–18.00, Saunalandschaft Di.–Fr. 14.00–20.30, Sa. und So. 10.00–18.00 Uhr).
Die Langeooger Fährflotte veranstaltet **Ausflüge** ins Wattenmeer und zu den Seehundbänken (Schifffahrt der Inselgemeinde Langeoog, Hauptstraße 28).

HOTELS

Empfehlenswert ist das € € € –€ € € € **Hotel & Spa Logierhus** (Mittelstraße 10, 26465 Langeoog, Tel. 04972 91 19 0, www.logierhus-langeoog.de), das neben erstklassigem Komfort vor allem mit einem modernen, ökologischen Energiekonzept überzeugt. Von außen macht das € € € –€ € € **Retro Design Hotel** nicht besonders viel her; die Inneneinrichtung bietet bis ins Detail den poppigen Stil der 1970er-Jahre (Abke-Jansen-Weg 6, 26465 Langeoog, Tel. 04972 682 99 90, www.hotel-kolb.de).

VERANSTALTUNG

Ende Juli wird das **Langeooger Dörpfest** mit Livemusik, Kinder-Piratenfest und großem Feuerwerk am Strand gefeiert.

INFORMATION

Tourismusservice Langeoog, Hauptstraße 28, 26465 Langeoog, Tel. 04972 69 30, www.langeoog.de

④ Baltrum

Baltrum ist mit rund 6,5 km² Fläche die kleinste der Ostfriesischen Inseln. Erwähnt wurde es 1398 als Balteringe, was auf altfriesisch so viel wie Weideland bedeutet. Seit 1876 ist die Insel staatliches Seebad, doch weil der Tourismus hier nicht so boomte, erhielt Baltrum den Beinamen „Dornröschen der Nordsee". Knapp 600 Menschen wohnen hier dauerhaft in den drei Ortsteilen Westdorf, Ostdorf und im alten Ostdorf. Straßennamen gibt es nicht, die Häuser sind chronologisch nummeriert. Baltrum lockt mit bis zu 300 m breiten Sandstränden und unberührter Dünenlandschaft. Dank alter Fischerhäuschen konnte sich die Insel ihren Charme bewahren. Auf der autofreien Insel poltern noch Pferdekutschen über das Pflaster.

SEHENSWERT

Die **Inselkirche** von 1826 gilt als Wahrzeichen Baltrums; ihre Kirchenglocke, an einem frei stehenden Holzgerüst angebracht, war urspr. Schiffsglocke und wurde von einer Sturmflut an den Strand Baltrums gespült.
Das **Nationalpark-Haus** präsentiert eine Ausstellung zum Thema Gezeiten (Haus Nr. 177, Tel. 04939 469; www.nationalparkhaus-watten meer.de/baltrum; Mitte März–Anf. Nov. Di.–Fr. 9.30–13.00 und 15.00–18.00, Sa. und So. 10.00 bis 12.00 und 15.00–18.00 Uhr).
Ein rund 7 km langer **Gezeitenpfad** führt über die Insel.

MUSEUM

Das **Heimatmuseum** „Altes Zollhaus" zeigt eine heimat- und naturkundliche Ausstellung (Haus Nr. 18, Tel. 04939 91 06 30; Ostern–Okt. Mo., Di., Do. und Fr. 10.00–12.00 und 15.00 bis 18.00, Mi. und Sa. 10.00–12.00 Uhr).

AKTIVITÄTEN

Das **SindBad** verspricht Badevergnügen. Im Therapie-Trakt und in der Saunalandschaft ist Entspannung angesagt, Wasserratten sind in der Badelandschaft mit Rutschen und Badegrotte gut aufgehoben (Haus Nr. 240, Tel. 04939 80 61; www.baltrum.de/sindbad).

HOTEL

Das relativ neue € € € **Naturhotel Baltrum** setzt auf Nachhaltigkeit und bietet neben geschmackvoll eingerichteten Zimmern eine Auswahl an Yogakursen, Naturkosmetik und Thalasso-Anwendungen (Ostdorf 171, 26579 Baltrum. Tel. 04939 27 39 80, www.naturhotel -baltrum.de).

VERANSTALTUNGEN

In der Hauptsaison treffen sich Insulaner und Gäste bei schönem Wetter zum **Dünensingen**. Der Shanty-Chor Baltrums gibt regelmäßig **Konzerte** (www.shantychor-baltrum.de).

INFORMATION

Kurverwaltung, Nordseeheilbad Insel Baltrum, Postfach 1355, 26574 Baltrum, Tel. 04939 800, www.baltrum.de

WAT IS LOS IM WATT?

Die Faszination des Wattenmeeres erkundet man am besten auf einer Wattwanderung unter der Leitung eines staatlich geprüften Wattführers. Die Experten erklären nicht nur, welch hoch spezialisierte Lebewesen sich im Watt tummeln oder was es mit den Gezeiten auf sich hat, sondern sind zumeist auch geborene Entertainer.

Ein ganz besonderer „Clou" sind die Wattwanderungen vom Festland hinüber zu den Inseln. Allerdings sind diese Touren, die zum Teil kilometerweit durch tiefen Schlick führen, ganz schöne Gewaltmärsche, die den Teilnehmern eine gewisse körperliche Fitness abverlangen. Die Entfernung von Neuharlingersiel

Wenn das Meer sich zurückgezogen hat, geht es (fast) trockenen Fußes nach Baltrum.

beispielsweise nach Langeoog oder auch von Harlesiel nach Spiekeroog beträgt zehn Kilometer. Von Neßmersiel nach Baltrum sind es hingegen lediglich sechs Kilometer. Zurück aufs Festland geht es nach den Strapazen gemütlich mit der Fähre.

In küstennahen Regionen kann man barfuß wandern, bei den Inseltouren ist es jedoch aufgrund der vielen scharfkantigen Muscheln ratsam, alte Turnschuhe oder Socken zu tragen. Gummistiefel eignen sich eher nicht (wenn, dann in der kalten Jahreszeit) – allzu oft bleiben sie im Schlick stecken. Bei gutem Wetter in der Hauptsaison sollte reserviert werden, denn die maximale Teilnehmerzahl ist gesetzlich vorgeschrieben. Allein zu wandern, ist nicht ungefährlich. Fast jedes Jahr sterben unerfahrene Wattwanderer, die von der Flut überrascht werden.

Wanderungen mit staatlich geprüften Wattführern können u.a. gebucht werden bei: **Petra Lösch** (von Wangerooge aus; info@ wattwandern-wangerooge.de), **Siebels** (von Langeoog aus; Tel. 04976 99 02 61, wattfuehrerrossi@hotmail.com) oder den **Brüdern Hensel** (von Neßmersiel, Neuharlingersiel, Harlesiel und Schillig aus; Tel. 0170 888 66 62 oder 0170 343 17 92, info@wattwandern.de). Alle Anbieter sind auch unter https://www.ostfriesland.travel (Suchbegriff „Wattwanderungen") zu finden.

Land an der Jade

✳

FRIESISCH HERB

✳

Wo das Bier herb schmeckt, die Kluntjes leise im Tee knistern, wo man sich auch um Mitternacht noch mit „Moin" begrüßt, jenseits der sogenannten Goldenen Linie also, da beginnt Friesland. Hier liegt Wilhelmshaven, im Gegensatz zur Herrschaft Jever mit ihrem Schloss noch vor 150 Jahren nichts als eine öde Marschlandschaft, in der mit dem Jade-WeserPort ein gigantischer Container-Terminal entstanden ist.

Denkmäler unter sich: Hinter Wilhelmshavens Kaiser-Wilhelm-Brücke ragen die vier Masten der „Sedov" in den Nachthimmel.

Fischerstillleben in Neuharlingersiel

Der „Altfischer" lässt seinen prüfenden Blick über das Leben
im Hafen von Neuharlingersiel schweifen.

Im Musikpavillon im Neuharlingersieler
Hafen ertönen Klänge aller Art.

Die „Concordia" verkehrt im Sommer zwischen
Carolinen- und Harlesiel

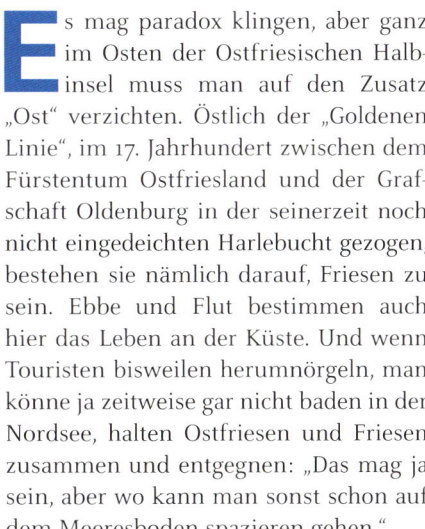

Großartige Schiffe mal ganz klein: im Buddelschiffmuseum von Neuharlingersiel

**WENN WEIT UND BREIT KEIN
WASSER ZUM BADEN ZU
SEHEN IST, KANN MAN AUF
DEM MEERESBODEN
SPAZIEREN GEHEN.**

E s mag paradox klingen, aber ganz im Osten der Ostfriesischen Halbinsel muss man auf den Zusatz „Ost" verzichten. Östlich der „Goldenen Linie", im 17. Jahrhundert zwischen dem Fürstentum Ostfriesland und der Grafschaft Oldenburg in der seinerzeit noch nicht eingedeichten Harlebucht gezogen, bestehen sie nämlich darauf, Friesen zu sein. Ebbe und Flut bestimmen auch hier das Leben an der Küste. Und wenn Touristen bisweilen herumnörgeln, man könne ja zeitweise gar nicht baden in der Nordsee, halten Ostfriesen und Friesen zusammen und entgegnen: „Das mag ja sein, aber wo kann man sonst schon auf dem Meeresboden spazieren gehen."

ANSTÖIGES AM JADEBUSEN

Im Jahr 1984 schreckte die Bild-Zeitung ihre Leser wollüstig mit der Schlagzeile „Riesenpenis am Jadebusen". Eckart Grenzer hatte mit seinem „Grenzstein" am Dangaster Strand für viele die Grenzen des guten Geschmacks überschritten. Andere nahmen es locker und behaupteten, die Skulptur sehe eher aus „wie ein Seemann mit Südwester auf dem Kopf". Und der stört längst niemanden mehr. Die Badegäste nutzen ihn als Handtuchhalter, die Kinder als Torpfosten. Wobei der Hintergrund der einstigen Provokation natürlich nicht so banal war, wie die

Schlagzeile es vereinfachte: Die Skulptur sollte den Zusammenhang zwischen dem „weiblich-weichen" Meer und der „männlichen Erde" illustrieren.

Dangast ist schon lange ein Ort der Kunst. Vor allem die 1905 gegründete Künstlergemeinschaft „Die Brücke" ließ sich von der Atmosphäre hier inspirieren, auch der Maler Franz Radziwill hatte sein Atelier in Dangast. Heute kann man ihre Werke auf einem Kunstpfad bewundern. Die Tapkens im „Kurhaus" zu Dangast verstehen sich auf eine andere Art von Kunst: Ihr Rhabarberkuchen gilt als der beste an der Küste.

DER „GOLDENE RING"

Für die Ostfriesen an der Küste gehört das „Übern-Deich-Gucken" schon fast so zum Alltag wie das Teetrinken. Es ist vielleicht auch eine Art der Ehrerbietung. In dem Wissen, dass sie ohne die Deiche nicht überleben könnten. „Deus mare, Friso litora fecit", heißt es nicht ohne Stolz: „Gott schuf das Meer, die Friesen schufen die Küste." Dabei nahmen die Menschen über Jahrhunderte hinweg unendliche Mühen auf sich. Begonnen wurde mit dem Deichbau an Ostfrieslands Küsten vor gut 1000 Jahren. Zunächst waren es kleinere, ringförmige Deichanlagen um die Gehöfte, erst im 13. Jahrhundert wurden sie zu einem

Zum Deutschen Marinemuseum in Wilhelmshaven gehört auch ein U-Boot. Hier können Besucher der Enge dieser Unterwasserfahrzeuge nachspüren.

Eines von Wilhelmshavens Wahrzeichen: Die Kaiser-Wilhelm-Brücke war zu Beginn des 20. Jahrhunderts Deutschlands größte Drehbrücke.

Das Deutsche Marinemuseum ist nicht nur für
Militariafreunde einen Besuch wert.

durchgehenden Seedeich verbunden,
dem „Goldenen Ring". Doch wenn der
„Blanke Hans" zu wüten begann, erwie-
sen sich diese Deiche oft genug als nicht
ausreichend. Abertausende fanden in her-
einbrechenden Fluten den Tod.

Bis ins 18. Jahrhundert waren allein
die Landbesitzer an der Küste für die
Deiche verantwortlich. Doch oft waren
die Bauern mit ihren Pflichten überfor-
dert. Sahen sie sich außerstande, für die
Sicherung ihres Deichstücks zu sorgen,

MIT »STRAND, MEER UND NORDSEEFANGO« BEGANN VOR 125 JAHREN DER TOURISMUS IN WILHELMSHAVEN.

steckten sie gemäß dem damals gelten-
den Recht ihren Spaten hinein, was die
Kapitulation bedeutete. „Keen nich will
dieken, de mutt wieken", hieß es – „Wer
nicht will deichen, der muss weichen."
Wer den Spaten herauszog, war automa-
tisch der neue Besitzer von Haus und
Hof – inklusive des Deichpfands, also
aller anliegenden Pflichten.

Inzwischen erledigen modernste Bau-
maschinen die Arbeiten, Computer er-
rechnen auf den Millimeter genau die
Anforderungen an die Deiche. Lag die
durchschnittliche Höhe im 16. Jahrhundert noch bei viereinhalb Metern, so
beträgt sie nun mehr als acht Meter.
Längst sorgen neben dem Haupt- oder
Seedeich zusätzliche Sommer- und
Flügeldeiche für Sicherheit. Doch sind
die Haus- und Grundbesitzer keineswegs
von ihren Pflichten entbunden und – in
Deichverbänden oder Deichachten so-
zusagen zwangsorganisiert – weiterhin
für den Unterhalt der Deiche zuständig.
Allerdings zeichnen bei Neubauten,
Erhöhungen oder umfassenden Erweite-
rungen heute Bund und Länder verantwortlich für Planung und Umsetzung
und übernehmen die notwendigen In-

Der Kriegshafen Wilhelmshaven blickt in eine freundlichere Zukunft: Den Südstrand schmückt
in direkter Nachbarschaft zum Marinestandort die Skulptur „Friedenstaube".

Religiöse Toleranz führte zu vielen Kirchenbauten in Neustadtgödens: Lutherische Kirche von 1695.

In den verspiegelten Türmen der Brauerei in Jever lagert das „Jungbier" in riesigen Tanks, bevor es nach drei bis vier Wochen abgefüllt wird.

Schlossmuseum in Jever: Mithilfe von Spiegelwagen und Fernglas kann die prächtige Renaissance-Kassettendecke bequem betrachtet werden

Wie das Schloss zu Jever ist auch Schloss Gödens ein Renaissancebau, umgeben wird es von einem weitläufigen Landschaftspark.

Im Schloss zu Jever erinnert noch vieles an die Zeiten höfischer Pracht,
die Ahnengalerie an zerbster, russische und oldenburgische Herrscher.

GERN ERINNERT JEVER AN SEIN »GNÄDIG FRÄULEIN MARIA«, HAT DIE STADT IHR ÜBER DAS SCHLOSS HINAUS DOCH VIEL ZU VERDANKEN.

vestitionen. So wurden in Niedersachsen seit 1955 weit mehr als zwei Milliarden Euro in den Küstenschutz investiert. In Zeiten des Klimawandels und des damit steigenden Meeresspiegels wird das nicht reichen – allein Niedersachsen nimmt in Zukunft mindestens 60 Millionen Euro für den Küstenschutz in die Hand.

NACH RUSSLAND ODER AMERIKA

Der US-amerikanische Präsident war noch nicht dort, auch der russische hat sich noch nicht blicken lassen. Dabei wäre es doch ein Einfaches, mit dem Fahrrad zu bilateralen Gesprächen anzureisen, trennen Russland und Amerika hier in Ostfriesland gerade einmal zwei Kilometer. Kein Visum ist nötig, kein Ozean versperrt den Weg – in der Friesland-Gemeinde Friedeburg. In Amerika beherrschen weder Wolkenkratzer noch Highways, sondern Wallhecken und schwarz-bunte Rindviecher auf sattgrünen Weiden das Landschaftsbild. Man spricht plattdeutsch statt englisch in der spöttisch mit dem Namen Amerika versehenen, einst dem weit ins Land reichenden Jadebusen abgerungenen „neuen Welt".

Auch in Russland ist rein gar nichts zu finden, was man gemeinhin mit der Großmacht verbindet. Die Kommunisten hatten hier nie etwas zu sagen. Wodka wird allenfalls getrunken, wenn Kohl- und Pinkelgruppen durchziehen. Böse Zungen verbreiten, dass der Ort so heißt, weil die karge Vegetation an Sibirien, also an Russland, erinnere. Wahrscheinlicher ist, dass hier früher Köhler ihrem Handwerk nachgingen, im Volksmund „Rußer" genannt. Von ihnen ist sprachlich der Weg zu den Russen nicht weit. Im Gegensatz zu den Vereinigten Staaten und der Russischen Föderation können die ostfriesischen „Russen" und „Amerikaner" allerdings auf strenge Sicherheitsvorkehrungen verzichten. Die kriminelle Energie der Besucher beschränkt sich meist darauf, eines der Ortsschilder abzumontieren.

CONTAINER STATT GRAUSCHIFFE

Was hat Wilhelmshaven, was Hamburg und Bremen nicht haben? Die eher als provinziell geltende „Grüne Stadt am Meer" zeigt stolz auf ihren Jade-WeserPort. Mit ihm wollte die Hafenstadt – bisher eher für die „Grauschiffe" der Marine bekannt – in die erste Liga der Container-Schifffahrt aufsteigen. „Schlicktown" sollte für den Anschluss der Exportnation Deutschland im weltweit boomenden Containerumschlag mit immer gigantischeren Schiffen sorgen. Die Idee und mit ihr die Hoffnung auf mindestens 2000 neue Arbeitsplätze in

Ausflugsfahrt mit der „Etta von Dangast": Das Wattenmeer ist ein zeitloser Klassiker.

Wenn das Wetter mal nicht so mitspielt, behilft man sich mit einem Grog: Den gibt es zum Beispiel in der Dangaster Kurhausklause am Jadebusen.

Zur Dangaster Kunst am Meer gehört die Skulptur „Jade" von Anatol Herzfeld.

Warten auf Ausflugswillige: im kleinen Dangaster Hafen

Der „Thron von Butjatha" steht am Südufer des Jadebusens bei Dangast.

Sie kann auch mal dramatisch sein: Abendstimmung am Jadebusen.

der strukturschwachen Region entstand bereits 1993, doch erst im März 2008 konnten die Bagger die Arbeit aufnehmen. Rund 3000 Petitionen gegen das Projekt führten immer wieder zu Verzögerungen. Anwohner und Naturschützer befürchteten die Zerstörung des Geniusstrandes, Wilhelmshavens einzigen Sandstrands, und sorgten sich um die Brutgebiete seltener Vogelarten. Zudem gab es reichlich Zoff um die Auftragsvergabe. Ein Untersuchungsausschuss musste eingesetzt werden, von Korruption gar war die Rede.

Nachdem ursprünglich 2010 als Betriebsbeginn anvisiert worden war, ging der JadeWeserPort am 21. September 2012 offiziell in Betrieb – und das nach nochmaliger Verzögerung, weil im Frühjahr 2012 auch noch mehr als 150 Risse in den Stahlplatten der fast zwei Kilometer langen Kaimauer festgestellt wurden. Deutschlands größte Baustelle schrieb

Negativschlagzeilen als „Pannenhafen" und „Milliardengrab". Doch damit nicht genug. Nach der Eröffnung sollte sich bald zeigen, dass die Prognosen vollkommen überzogen waren. 2,7 Millionen Container könnten an Deutschlands einzigem Tiefwasserhafen rund um die Uhr umgeschlagen werden. Doch nach nur einem Jahr zog man die vernichtende Bilanz, dass gerade einmal zehn Prozent der erwarteten Menge angelandet wurde, ein Großteil der Hafenarbeiter musste in Kurzarbeit geschickt werden. Der JadeWeserPort mutierte zum Geisterhafen.

Doch ab dem ersten Quartal 2015 verbesserte sich die Auslastung deutlich, und 2016 schrieben die Gazetten gar von einer „Wiederauferstehung". Der WeserJadePort brummte, weil die größten der „Riesenpötte" Schwierigkeiten hatten, Hamburg voll beladen anzulaufen; zudem profitierte er von einem schweren Unfall in Bremerhaven. 2016 hatte

Wilhelmshaven einen Umschlag von 481 720 Twenty-foot Equivalent Unit – so nennt sich das Maß für Kapazitäten von Containerschiffen und Hafenumschlagsmengen – zu verzeichnen. Im Vergleich: In Hamburg wurden im gleichen Zeitraum rund neun Millionen TEU umgeschlagen. 2017 kam der JadeWeserPort auf 554 449 TEU, 2018 dann auf 655 000, obwohl die Reederei Maersk den Tiefwasserhafen ab Mitte des Jahres nur noch mit einem statt wie bisher mit zwei Containerschiffen pro Woche anlief. Bemerkbar machte sich das erst 2019, als der Jahresumschlag erstmals wieder rückläufig war. Dafür aber eröffnete der VW-Konzern Mitte 2019 ein Logistikzentrum. Und Anfang 2020 kündigte das Unternehmen China Logistic an, 100 Millionen Euro in ein weiteres Logistikzentrum am WeserJadePort zu investieren und damit den Standort wieder deutlich zu stärken.

Die schönsten Wattwanderungen

LAND ZWISCHEN EBBE UND FLUT

Spazierengehen auf dem Meeresboden, das geht bei Ebbe im Watt der Nordsee. Wattwandern ist beliebt – auch wegen der Wattführer, die nicht nur eine Menge Wissen über diesen Lebensraum vermitteln, sondern oft auch Entertainer-Qualitäten besitzen. Von Alleingängen ins weite Watt wird dringend abgeraten, die Flut kommt schneller, als man denkt!

④

⑥

① „Watt'n Konzert"

Wenn Albertus Akkermann sich aufmacht ins Watt, dann hat er meistens sein Akkordeon dabei. Das Borkumer Original kann nämlich nicht nur einiges über Flora und Fauna im Wattenmeer zu erzählen, der Mann mit dem markanten Vollbart ist außerdem Musiker und kann das Musizieren noch nicht mal im Watt lassen. Zur Freude der Gäste. Shanties, aber auch deutsche Rock-Klassiker von Rio Reiser oder Element of Crime werden dann zwischen Wattwurm und Sandklaffmuschel intoniert. „Watt'n Konzert!"

Borkumer Kleinbahn und Dampfschiffahrt GmbH, Am Georg-Schütte-Platz 8, Borkum, Tel. 04922 309 32 42, www.borkumer-kleinbahn.de

② Forschen im Wattlabor

Berend „Tüte" Baalmann und Nils Nörtemann von der Watthanse auf Borkum beginnen die Wattführungen bereits in den ihrer Meinung nach oft vernachlässigten Salzwiesen. Denn schließlich, so die Watthanse-Experten, beginne das Ökosystem Watt in eben jenen Übergangsgebieten zwischen Land und Meer. Im Wattlabor lernen die Teilnehmer, „bewaffnet" mit Binokularlupe und Mikroskopierbesteck, die Geheimnisse der Wunderwelt Wattenmeer kennen. Für Menschen mit Gehbehinderung werden Touren im Wattrollstuhl angeboten.

Watthanse Eventmanagement, Specksniederstrate 3, Borkum, Tel. 0170 211 81 58, www.watthanse.de

③ Zwerge und Stranddetektive

Das Nationalparkhaus in Norddeich bietet spezielle Wattwanderungen für Kinder aller Altersstufen an. Die Allerkleinsten lernen das „Watt für Zwerge" genau so auf einer altersgerechten Führung kennen wie die etwas älteren „Strand-Detektive" und die jugendlichen Experten auf der „Wattwanderung XXL". Dabei werden die Lebewesen im Schlick genauestens unter die Lupe genommen, spielerisch wird das Leben der Seehunde im Watt nähergebracht.

Seehundstation Nationalpark-Haus, Dörper Weg 24, Norden-Norddeich, Tel. 04931 97 33 30, www.seehundstation-norddeich.de

④ Bis zu den Knien im Watt

Dangast und sein Kurhaus sind ein bisschen anders als andere Urlaubsorte an der Nordsee. Auch das Watt am Jadebusen ist speziell. Es ist vielfach so schlickig, dass der Wattwanderer bis zu den Knien in der Matschepampe einsinkt. Entsprechend anstrengend sind die Touren von Dangast aus, zum Beispiel zum Arngaster Leuchtturm. Gut, dass es da auch das Angebot gibt, mit der „Etta von Dangast" zurückzufahren. Auch das ein Erlebnis, weil Kapitän Anton Tapken immer reichlich was zu erzählen hat.

Kurverwaltung Dangast, Edo-Wiemken-Straße 61, Varel-Dangast, Tel. 04451 91 14 0, www.dangast.de

⑤ Das Watt mit Handicap

So ganz einfach ist es nicht, sich im Watt fortzubewegen. Wer nicht mehr so gut zu Fuß ist, hat oft nicht mehr genug Kraft, die tief eingesunkenen Füße immer und immer wieder aus dem Schlick zu befreien. Für ältere Menschen wie auch für Menschen mit Handicap bietet die Wangerland Touristik spezielle, in der Regel dreirädrige Wattmobile mit extrabreiten Reifen an, mit denen sie an den Spaziergängen auf dem Meeresboden teilnehmen können. Die Gefährte sind sowohl für das festere Watt als auch für den Sandstrand geeignet. Auch in Bensersiel, Carolinensiel, Norddeich und Dornumersiel stehen solche spezielle „Rollis" bereit, müssen allerdings vorab reserviert werden.

Wangerland Touristik GmbH, Zum Hafen 3, 26434 Horumersiel, Tel. 04426 94 70, www.wangerland.de

⑥ Wattverrückte Familie

Sie nennen sich selbst wattverrückt, die Mitglieder der Familie Ortelt aus Dornum. Inzwischen sind Rieke und Katrin, die Enkel des 2020 verstorbenen „Unternehmens"-Gründers Hans Ortelt, im Watt unterwegs. Besonders reizvoll ist die Rückfahrt mit der Fähre von Baltrum, von der aus man häufig die Seehunde auf der großen Sandbank der Nachbarinsel Norderney beobachten kann.

Wattführungen Ortelt, Elke Klaasen und Andrea Kölber, Tel. 04934 72 68 oder 04931/1 60 39, Mobil: 0162 8 63 30 33, www.wattfuehrer.com

⑦ Watt weitab der Nordsee

Watt gut 50 Kilometer von der Nordseeküste entfernt, das gibt es im Aper Tief. Entstanden ist das einzige Süßwasserwatt Ostfrieslands 2005 durch die Rückverlegung eines Deiches, um eine Freifläche für mögliche Überschwemmungen zu schaffen. Der Grünlandnutzung entzogen, konnte sich wieder eine natürliche Flussauenlandschaft mit Flusswatten und von Altarmen durchflossenen Auenwäldern entwickeln. Durch regelmäßige, durch Ebbe und Flut bedingte Überschwemmungen einiger Geländeteile bildete sich hier eine ganz eigene Flora und Fauna – zu beobachten vom Turm des Pumpwerks sowie zwei Aussichtsplattformen am Rand des Naturschutzgebiets.

Apen Touristik, Hauptstraße 203, Apen, Tel. 04489 73 73, www.apen-touristik.de

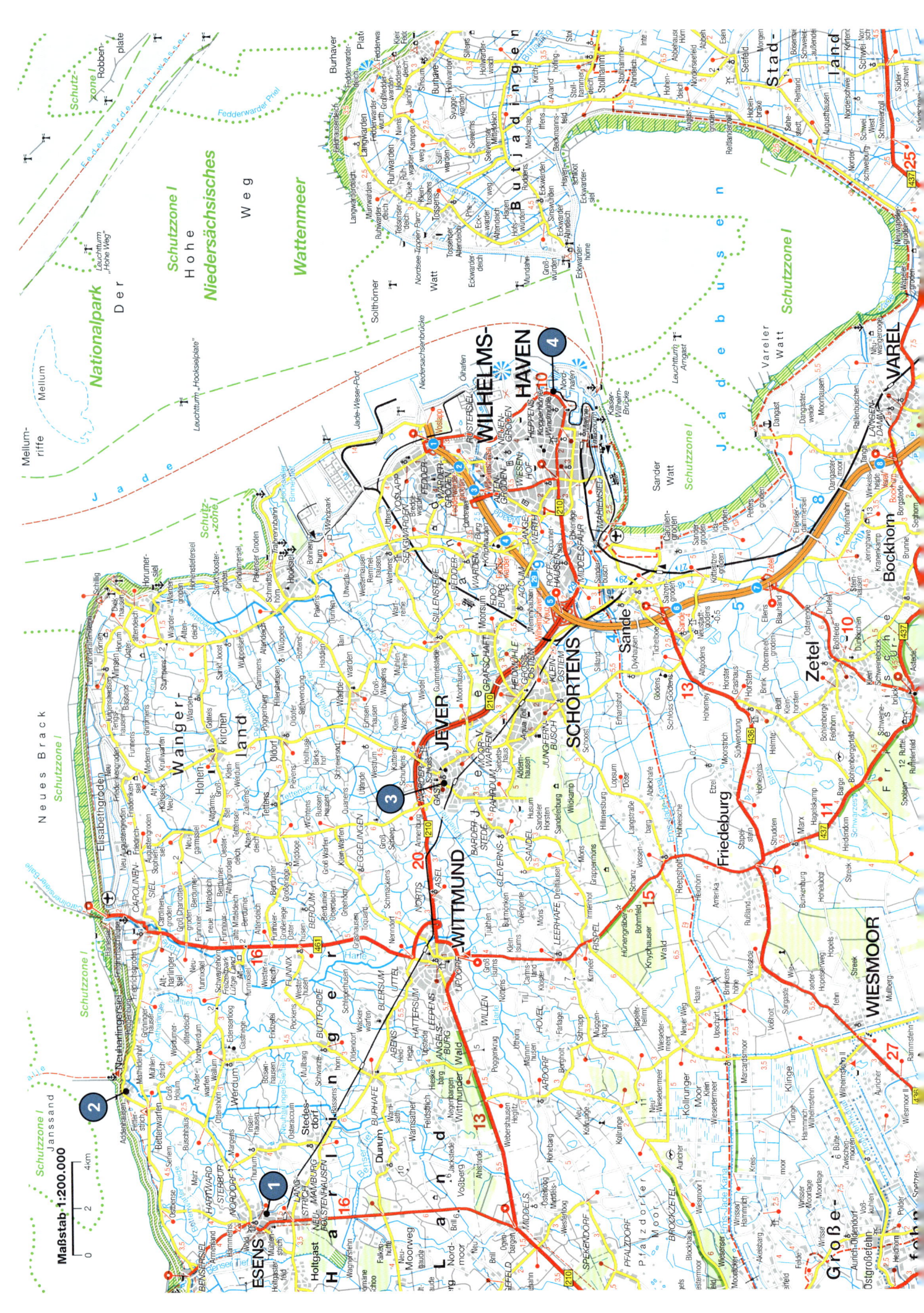

WEITBLICK GARANTIERT

Als des Preußenkönigs Flotte Mitte des 19. Jahrhunderts einen Hafen brauchte, stampfte man ihn am Jadebusen aus dem Boden. Fertig war Wilhelmshaven, auch heute noch der größte Stützpunkt der Bundesmarine. Beschaulicher geht es in den malerischen Siel- häfen entlang der Nordseeküste zu. Von deren Deichen aus lässt sich weit gucken.

❶ Esens

Esens (7000 Einw.) blickt auf rund 1200 Jahre Geschichte zurück. Im Mittelalter war der Ort Häuptlingssitz, unter Balthasar erhielt er im frühen 16. Jh. Stadtrecht. Die Altstadt mit ihren Giebelhäuschen lädt zum Flanieren ein. Im Nordseeheilbad Bensersiel fährt nicht nur die Fähre nach Langeoog ab, der Küstenort be- sitzt auch einen imposanten Strand und einen Sportboot- und Fischkutterhafen.

SEHENSWERT
Sehenswert im Mitte des 18. Jh. erbauten **Rathaus** von Esens– urspr. war es Witwensitz vornehmer Damen – ist der Ahnensaal (Am Markt). Die heutige **St.-Magnus-Kirche** (19. Jh.) beherbergt Ausstattungsstücke des Vorgängerbaus aus dem 15. Jh. (Am Kirchplatz 5, Tel. 04971 91 97 12; Ostern bis nieders. Herbstferien Di.–Fr. 9.00–16.00, Sa. 10.00 bis 12.30 und 14.00–16.00, So. 14.00–16.00 Uhr).

MUSEEN
Das **Bernsteinmuseum** in Esens informiert nicht nur über Entstehung, Gewinnung und

Bearbeitung des Schmuckmaterials, sondern bietet auch Schmuckstücke von Meisterhand an (Herderstraße 10, Tel. 04971 22 78, www. nordseeschmuck.de; März–Okt. Mo.–Fr. 10.00 bis 17.00, Sa. 10.00–13.00 Uhr).

VERANSTALTUNG
Das **Esenser Schützenfest** Anf./Mitte Juli zählt zu den größten ganz Niedersachsens.

INFORMATION
Esens-Bensersiel Tourismus GmbH, Am Strand 8, 26427 Bensersiel, Tel. 04971 9 17 0, www.bensersiel.de

❷ Neuharlingersiel

Herzstück des Nordseeheilbads ist der Hafen mit malerischen Fischerhäusern und bunten Kuttern. Entstanden ist der 1693 erstmals erwähnte Sielort im Zuge der um 1550 begon- nenen Eindeichung der Harlebucht, die 1362 bei der Zweiten Marcellusflut tief ins Land geris- sen worden war. Bereits 1792 legten hier die Fähren zur Insel Spiekeroog ab.

SEHENSWERT
Neben dem **Hafen TOPZIEL** ist der **Sielhof** (1755) und der **Park** um das Herrenhaus aus dem 18. Jh. lohnendes Ziel (März–Okt.).

MUSEEN
Das **Buddelschiffmuseum** kann mit bald 100 Modellen aufwarten (Am Hafen West 7, Tel. 04974 224, www.buddelschiffmuseum.de; April bis Okt. tgl. 10.00–13.00 und 13.30–17.00 Uhr). Im **Rettungsschuppen** am Hafen West zeigt die **Deutsche Gesellschaft zur Rettung Schiffbrüchiger** eine Ausstellung maritimer Rettungsgeräte, Wrackteile, Schiffsmodelle und historischer Dokumente (Tel. 04974 430; tgl. ab 10.00 Uhr). Die DGzRS wurde 1865 gegründet, hat seither mit ihren Rettungskreuzern rund 80 000 Menschen gerettet und finanziert sich bis heute ausschließlich aus Spenden – was man beim Blick auf die überall an der Küste stehenden Spendenschiffchen bedenken sollte.

AKTIVITÄTEN
Das **BadeWerk** – es gilt als eine der besten Thalasso-Einrichtungen an der Nordsee- küste – bietet Wellness und med. Anwendun- gen im Einklang mit der Natur (Edo-Edzards- Straße 1, Tel. 04974 18 86 0, www.badewerk.de). Kurze Wege verbinden mit **Sand- und Grün- strand** samt Kite- und Surfschule Windloop.

VERANSTALTUNG
Seit über 40 Jahren laden die Kutterkapitäne Ende Juli zur traditionellen **Kutterregatta**. Der schnellste Kutter wird mit dem „Blauen Band von Neuharlingersiel" ausgezeichnet.

UMGEBUNG
Am Neuharlingersieler Tief liegt die **Seriemer Mühle,** auch „De goede Verwagting" („Die gute Erwartung") genannt (www.seriemer-muehle.de).

INFORMATION
Kurverein, Edo-Edzards-Straße 1, 26427 Neuharlingersiel, Tel. 04974 18 812, www.neuharlingersiel.de

❸ Jever

Erstmals 1158 erwähnt, ist Jever heute „in aller Munde". 1848 wurde die gleichnamige Braue- rei gegründet. Die gemütliche Kreisstadt mit rund 14 000 Einw. zählt zum Landkreis Fries- land. U. a. Sachsen und Hannoveraner hatten im Mittelalter die Herrschaft über Jever und das Jeverland inne, ehe das „Fräulein Maria", Erbtochter eines Häuptlings, Anfang des 16. Jh.

Der Jeveraner Blaudrucker Georg Stark (links oben); Bernstein aus Esens (links unten); Blick in Esens Magnuskirche (rechts)

Tipp

Reisen bildet!

So heißt es doch. In Ostfriesland können Urlauber sogar ihr Abitur machen. Im Straßenweitboßeln und im Straßenzielboßeln müssen sich die Aspiranten versuchen, im „Bessensmieten" (Besenwerfen) und im Padstockspringen: Der Sprung mit dem fast 4 m langen Padstock – früher Hilfsmittel der Bauern, um über die Gräben zu gelangen – gehört zu den Höhepunkten. Es folgt das Melken an der Fertigmilchkuh „Elsa", einer geduldigen Dame aus Holz. Theoretischer geht es dann bei der Plattdeutsch-Prüfung und der Ostfrieslandkunde zu. Und mit der Teezeremonie und dem Krabbenpulen warten noch zwei Tests aus der kulinarischen Abteilung. Bierernst geht es dabei nicht zu. Und die Durchfallquote ist gering.

INFORMATIONEN UND ANMELDUNG
bei der Tourist-Information Wittmund, Am Markt 15, Tel. 04462 98 31 50, www.wittmund-tourismus.de

dafür sorgte, dass Jever seine Unabhängigkeit wiedererlangte und 1536 Stadtrecht erhielt. Bis heute trägt die Stadt im Nordosten der ostfriesischen Halbinsel den Beinamen „Marienstadt".

SEHENSWERT
„Fräulein Maria" war maßgeblich für den Ausbau des **Schlosses** verantwortlich, mit seinem 67 m hohen Zwiebelturm von 1736 ist es Wahrzeichen der Stadt. Die friesische Regentin ließ die Festung aus dem 14. Jh. Mitte des 16. Jh. im Renaissancestil umgestalten (heute Museum). Zu ihrem 400. Geburtstag setzten die Jeveraner Maria nicht nur ein Bronzedenkmal, zu ihren Ehren erklingt auch jeden Abend das Marienläuten, sommers um 22.00, winters um 21.00 Uhr. Das **Rathaus**, ebenfalls mit Renaissancefassade, wurde im frühen 17. Jh. errichtet. Am Alten Markt steht seit 1995 der **Sagenbrunnen** von Bonifatius Stirnberg; fünf Figuren, u. a. Fräulein Maria von Jever, illustrieren eine Sage der Region.

MUSEEN
Das **Schlossmuseum** präsentiert eine umfangreiche Sammlung zur Kultur- und Landesgeschichte des Jeverlandes (Schlossplatz, Tel. 04461 96 93 50, www.schlossmuseum.de; Mitte Mai–Mitte Okt. tgl. 10.00–18.00, sonst Di.–So. 10.00–18.00 Uhr, auch plattdeutsche Führungen; Schlossturm April–Okt. tgl. 11.00–17.00 Uhr). Das traditionsreiche Handwerk der Blaufärber kann in der **Blaudruckerei** bewundert werden (Kattrepel 3, Tel. 04461 7 13 88, www.blaudruckerei.de; Mo.–Fr. 11.00–17.00, Sa. 10.00 bis 14.00 Uhr). Das **Feuerwehrmuseum** zeigt historische Fahrzeuge und Gerätschaften zur Brandbekämpfung (Florianstraße 1, Tel 04461 91 84 84; März–Okt. Di.–So. 14.00–17.00 Uhr).

Im **Brauhaus zu Jever** mit seinen verspiegelten Türmen lässt sich nach Voranmeldung den Arbeitern der modernen Produktionsstätte über die Schulter gucken (2-stündige Führung). Rund 60 000 Flaschen werden stündl. abgefüllt. Im Brauereimuseum geht es beim Blick in frühere Zeiten ruhiger zu (Elisabethufer 18, Anmeldung Tel. 04461 1 37 11, www.jever.de; Mo.–Fr. Führungen zw. 10.00 und 18.00 Uhr, Sa. nur eine Führung vormittags).

VERANSTALTUNGEN
In der Woche vor Ostern wird der traditionelle **Kiewittmarkt,** ein Volksfest, gefeiert und im Okt. der **Brüllmarkt** in Erinnerung an die früheren Viehmärkte. Alljährlich in der 32. Kalenderwoche feiert Jever sein **Altstadtfest.** Der **Raddampfer „Concordia II"** schippert von März bis November regelmäßig von Carolinensiel nach Harlesiel; im Winter wird der Fahrplan eingeschränkt (Reederei Albrecht, Friedrichsschleuse 3a, Tel. 04464 942 97 41, www.reederei-albrecht.de).

HOTELS UND RESTAURANTS
Die **€ € Residenz** in Wittmund ist richtig, um bei überdurchschnittlicher gutbürgerlicher Küche nach den Mühen des Ostfriesenabiturs auszuruhen (Am Markt 13, 26409 Wittmund, Tel. 04462 88 60, www.residenz-wittmund.de). Vortrefflich lässt es sich auch im **€ Landhotel & Gasthof Oltmanns** speisen – wer nach den reichlichen Portionen zu müde zum Weiterfahren ist, der kann hier auch gemütlich übernachten (Friedeburger Hauptstraße 79, 26446 Friedeburg, Tel. 04465 97 81 50, www.landhotel-olt manns.de). Zum **Stadthotel Jever** gehört das Restaurant **€ € Zur Schlachte**, das seine Gäste bereits seit 1697 verwöhnt. Empfehlenswert ist auch das Restaurant **Haus der Getreuen**, in dem u. a. leckere „Friesen-Tapas" und Schnitzel serviert werden (Schlachtstraße 1, Tel. 04461 7 48 59 49, www.hausdergetreuen.de; Schlachte 3, 26441 Jever, Tel. 0446 917 79 23, www.stadthotel-jever.de).

UMGEBUNG
Das Wangerland mit **Horumersiel-Schillig, Hooksiel** und **Minsen-Förrien** lockt mit

Prüfender Blick am Sudkessel: Jever-Brauerei (links); Walskelett im Küstenmuseum (rechts)

langen Stränden und zahlreichen Freizeitmöglichkeiten vor allem Familien und Aktivurlauber. **Carolinensiels** Hauptattraktion ist der malerische Museumshafen mit dem **Deutschen Sielhafenmuseum** (Pumphusen 3, Tel. 04464 86 93 0, www.deutsches-sielhafenmuseum.de; aufgrund von Renovierungsarbeiten bleiben voraussichtlich das ganze Jahr 2021 über alle drei Häuser des Museums geschl., buchbar sind nur die vom Museum aus organisierten Outdoor-Aktivitäten). Als Siele bezeichnet man die Deichöffnungen zur Entwässerung des Hinterlands, die bei Flut geschlossen werden.

INFORMATION
Tourist-Information Jever, Alter Markt 18, 26441 Jever, Tel 04461 93 92 61, www.stadt-jever.de
Wangerland Touristik Gesellschaft, Zum Hafen 3, 26434 Wangerland-Horumersiel, Tel. 04426 98 70, www.wangerland.de

❹ Wilhelmshaven

Wilhelmshaven (82 000 Einw.) ist auf den ersten Blick keine Schönheit. Ein Besuch am Jadebusen lohnt sich aber aufgrund der vielfältigen Freizeitangebote und der Geschichte der Hafenstadt dennoch. Seit grauer Vorzeit siedelten Friesen auf dem heutigen Stadtgebiet. 1853 kaufte Preußen vom Großherzogtum Oldenburg ein Areal, um einen Stützpunkt für die preußische Marine zu errichten (1869 eingeweiht) – bis heute ist Wilhelmshaven wichtigster Standort der Bundesmarine. Mit dem JadeWeserPort entstand nördl. ein gigantischer Container-Terminal.

SEHENSWERT
Das **Rathaus**, „Burg am Meer" genannt, ist ein imposantes Klinkerbauwerk (1929) des expressionistischen Architekten Fritz Högter; vom 49 m hohen Turm hat man einen weiten Blick. Städtisches Wahrzeichen ist die fast 160 m lange **Kaiser-Wilhelm-Brücke**; seit 1907 verbindet die Drehbrücke Südstadt und Südstrand.

MUSEEN
Das **Deutsche Marinemuseum** präsentiert auf dem Gelände der ehem. Kaiserlichen Werft die Geschichte der deutschen Marine; auf dem Freigelände sind diverse Kriegsschiffe zu be-

sichtigen (Südstrand 125, Tel. 04421 40 08 40, www.marinemuseum.de; April–Okt. tgl. 10.00 bis 18.00, sonst tgl. 10.00–17.00 Uhr). Das **Küstenmuseum** ist dem Lebensraum Küste bis hin zum JadeWeserPort gewidmet (Weserstraße 58, Tel. 04421 40 09 40, www.kuesten museum.de; Feb.–Nov. Di.–So. 11.00–17.00 Uhr). Die **Kunsthalle** zeigt ein abwechslungsreiches Ausstellungsprogramm (Adalbertstraße 28, Tel. 04421 4 14 48, www.kunsthalle-wilhelmshaven. de; Di. 14.00–20.00, Mi.–So. 11.00–17.00 Uhr). Das **Aquarium** bietet eine interessante Reise durch die sieben Weltmeere (Südstrand 123, Tel. 04421 506 64 44, www.aquarium-wilhelms haven.de; tgl. 10.00–18.00 Uhr). Was Wind, Wasser und Gezeitenkräfte geformt haben, zeigt das 2020 modernisierte **UNESCO-Welt- naturerbe Wattenmeer Besucherzentrum TOPZIEL** (Südstrand 110b, Tel. 04421 91 07 0, www.wattenmeer-besucherzentrum.de; Juli und Aug. tgl. 10.00–18.00, April–Juni, Sept. und Okt. tgl. 10.00–17.00, Nov.–März Di.–So. 10.00 bis 17.00 Uhr).

VERANSTALTUNGEN

Das **Pumpwerk** ist einer der wichtigsten Veranstaltungsorte an der Küste. Künstler verschiedenster Genres treten hier auf (Banter Deich 1a, Tel. 04421 92 79 0, www.pumpwerk.de). Im Sommer steigt das **Internationale Street- Art Festival** (www.streetart-wilhelmshaven. de). Am **Sailing-CUP** vor Wilhelmshaven nehmen im September zahlreiche Traditionssegler teil (www.wilhelmshaven-sailing-cup.de).

RESTAURANTS

Die **€ € Artischocke** ist ein französisch angehauchtes Feinschmecker-Restaurant (Peterstraße 19, Tel. 04421 3 43 05, www.artischocke -whv.de). Auf ähnlichem Niveau speist man mit Blick auf den Großen Hafen im **€ € Pearl Harbour** (Jadeallee 50, Tel. 04421 77 33 80, www. atlantic-hotels.de/hotel-wilhelmshaven). Direkt an der Waterkant liegt das stylishe **Hotel & Restaurant Fliegerdeich**. Von den Zimmern hat man einen unverstellten Blick auf die Nordsee. Das Restaurant serviert u.a. regionale Klassiker wie Labskaus oder Matjes (Fliegerdeich 3, Tel. 04421 755 79 42).

UMGEBUNG

Das barocke **Schloss Gödens**, eines der schönsten Wasserschlösser (17. Jh.; Privatbesitz) der ostfriesischen Halbinsel, steht in Sande (westl.; Tel 04422 98 64 0, www.schloss -goedens.de; stimmungsvoller Weihnachtsmarkt am 1. Adventswochenende, Landpartie im Mai, Herbstpartie im Sept.). **Fedderwardersiel** mit seinem kleinen Hafen hat Charme bewahrt. Es liegt auf der Halbinsel **Butjadingen** (östl.; Tel. 04733 92 93 10 und www.butjadingen.de), Urlaubsziel für Freunde des Grünstrands und steigungsloser Radtouren.

INFORMATION

Wilhelmshaven Touristik & Freizeit GmbH, Ebertstraße 110, 26382 Wilhelmshaven, Tel. 04421 91 30 00, www.wilhelmshaven -touristik.de

DIE FRIESISCHE ARCHE NOAH

Ein Zoo ohne Elefanten, Tiger, Papageien oder andere Exoten? Ja – und das ist keinesfalls langweilig! Der Haustierpark Werdum hat es sich zur Aufgabe gemacht, seltenen und zum Teil vom Aussterben bedrohten Haustierrassen eine Heimat zu geben, sie seinen großen und kleinen Besuchern artgerecht zu präsentieren und vor allem zu erhalten. Zum Konzept des seit 2014 als Arche-Park anerkannten Tierparks passt es, dass die Vertreter der teilweise mehr als 1000 Jahre alten Nutztierrassen quasi mitten im Ort herumspringen – natürlich in der Regel in abgezäunten Gehegen und auf weitläufigen Freilandflächen. Vor allem aber dürfen die Tiere hier noch ein glückliches Leben führen.

Heimisch sind in dem Haustierpark unter anderem verschiedene Schafrassen. So sieht, hört und riecht man hier Ostfriesische Milchschafe, Kamerunschafe, Soyaschafe oder auch Weiße Gehörnte Heidschnucken. „Schweinische" Paarhufer sind das Bunte Bentheimer, das Mangalitza-Wollschwein und das Göttinger Minischwein. Bisweilen ordentlich Krach machen die Poitou- und die Bulgarenesel. Oder auch die Abteilung Federvieh, in der zahlreiche Hühner – vom Zwerghuhn bis zur Ostfriesischen

Nicht exotisch, aber erstaunlich faszinierend: Haustiere in Werdum

Möwe – sowie Enten, Tauben und Gänse leben und schnattern. Für Kinder ist außerdem eine Streichelecke mit Zwergkaninchen und Katzen – natürlich voneinander getrennt – eingerichtet, auch Meerschweinchen und Mäuse dürfen bekuschelt werden.

Haustierpark Werdum: Gastriege 35, 26427 Werdum, Tel. 04974 99 00 99, www.haustierpark-werdum.de; April–Okt. tgl. 9.00–18.00, Nov.–März tgl. 9.00–17.00 Uhr. Hunde sind auf dem Gelände gestattet, die Halter werden jedoch gebeten, sie an der kurzen Leine zu führen. Auf dem Gelände gibt es einen kleinen Kiosk und einen Souvenir-Shop.

Wer dieses löbliche Projekt unterstützen möchte, kann eine **Patenschaft** (ab 50 €/Jahr) für eines der Tiere übernehmen. Mit den Einnahmen finanziert der Park Personal, Futter und den Tierarzt.

Oldenburg · Ammerland

*

GARTEN- UND ANDERE KÜNSTE

*

„Blühende Landschaften" sind in den Parkgefilden des Ammerlandes keine leeren Versprechen. Am besten ist der abwechslungsreiche Landstrich aus Mooren, Parks, Gärten und Wäldern rund um das Zwischenahner Meer mit dem Fahrrad zu erkunden. Die alte Residenz- und junge Studentenstadt Oldenburg schafft es derweil, Provinzialität durch Lässigkeit zu ersetzen.

Dem großen Sohn ein Denkmal:
Horst-Janssen-Museum in Oldenburg

Ob als „Draufgänger" am Staugraben (links), als Hausbootbesitzer im Stadthafen (oben rechts) oder als Genießer
in einem der Cafés in der Wallstraße (unten rechts): In Oldenburg lässt es sich gut leben.

Geradezu heimelig gestrig zeigt sich
Oldenburg in der Bergstraße.

OLDENBURG · AMMERLAND
88 — 89

Das Oldenburgische Staatstheater liegt
am Rand der einladenden Altstadt.

Bäume gibt es im Oldenburger Land nicht nur als „Windloper", als von der ewigen Brise krumm und schief geformte Exemplare, sondern auch als stattliche Wälder. Oder als Exoten in den blühenden Landschaften der Ammerländer Parks und Gärten. Im Hasbruch und bei Neuenburg kann man sogar durch Urwälder spazieren – und in der einstigen Residenz- und heutigen Universitätsstadt Oldenburg durch die älteste Fußgängerzone Deutschlands.

Dort spielt seit Jahrzehnten Waldemar auf – von Fans als Original bezeichnet. Andere finden, der Straßenmusikant sei eine einzige Nervensäge. Was die Stadt anbelangt, sind sich in „Ollnburch" An-

sässige wie auch Besucher weitestgehend einig: Sie ist im Gegensatz zu Waldemars Gesängen ein echter „Hit". Was Spitzenplätze in diversen „Rankings" beweisen. Sogar die Nachbarn aus dem großen Bremen kommen wegen des besonderen Flairs gern zum Einkaufen und Bummeln. Als mitten im Zentrum die Shopping-Mall „Schlosshöfe" eröffnet wurde, fürchteten nicht wenige um die Existenz alteingesessener Einzelhändler. Doch letztendlich bewahrheiteten sich die Vorbehalte nicht. Auch wenn grundsätzlich eine gewisse „Filialisierung" stattgefunden hat, kann man in Oldenburgs City nach wie vor hervorragend in zahlreichen Traditionshäusern

einkaufen. Oldenburg darauf zu reduzieren, wäre jedoch ungerecht. Denn auch Kultur wird hier großgeschrieben. Das Filmfest etwa besitzt großes Renommee, die Kinder- und Jugendbuchmesse ebenfalls, das Staatstheater glänzt mit modernen wie traditionellen Inszenierungen, und neben dem obligatorischen Stadtfest gönnt sich Oldenburg einen Kultursommer. Und das mit der Musik ist ja sowieso Geschmacksache. Schließlich begann auch die Karriere von Dieter Bohlen einst in Oldenburg ...

DAS HOBBY DES HERRN HOBBIE

Es war eine Handvoll Samen, die Dietrich G. Hobbie vor rund 80 Jahren in Am-

Zum Zwischenahner Meer im Zentrum des
Radlerparadieses Ammerland gehören Flanier- und
Ausflugsmöglichkeiten genauso wie herrschaftlich
strahlende Villen.

merländer Boden steckte. Sie hörten auf wohlklingende Namen und gehörten zur Gattung der Rhododendren. Es ist ein Glücksfall für das Ammerland, dass Herr Hobbie etwas von seinem Hobby verstand. Die Rhododendren gediehen prächtig. Weitere Samen fanden ihren Weg in die Norddeutsche Tiefebene und ins Ammerland, einer vielgestaltigen Landschaft aus Geest, Marsch, Mooren und Wäldern. Heute ist der Rhododendron-Waldpark der Familie Hobbie im Mai und Juni eine Symphonie aus Farben. Und das Ammerland mit seinen zahlreichen Parks, Gärten und Baumschulen ein Hochgenuss für Pflanzenliebhaber.

FOLGENREICHE TEUFELSTAT

Das Zwischenahner Meer soll der Legende nach „Düwelswark", Teufelswerk, sein. Dieser habe Bäume aus dem Wald gerissen, um damit in Oldenburg eine neu errichtete Kirche zu zerstören. Auf dem Weg dorthin wurde er in seinem Vorhaben gestört und verlor seine Fracht. Die Kuhle im Wald hat sich inzwischen mit Wasser gefüllt, und über dem „Meer" schweben seither silberne Möwen, die als Schutzengel alles Böse von seinen Gestaden fernhalten. Schnickschnack, sagen die Wissenschaftler: Der See ist durch Salzauslaugungen entstanden, die zu einem Einsturz des Salzstocks und des darüber liegenden Deckgebirges geführt hatten.

KOHL UND PINKEL

„Kohl und was bitte?" So lautet die bisweilen leicht hysterische Frage, wenn ahnungslosen Gästen in Ostfriesland „und umzu" die Spezialität Grünkohl und Pinkel offeriert wird. Zugegeben, es hört sich unappetitlich an, doch es handelt sich um eine wahrlich schmackhafte Angelegenheit. Pinkel ist eine geräucherte Grützwurst, die im Wesentlichen aus Speck, Hafer- oder Gerstengrütze, Schweineschmalz, Zwiebeln und diversen Gewürzen besteht.

Rein theoretisch könnte man zum Kohl- und Pinkelessen ohne Umschweife

Traditionsbewusste Korntrinker bevorzugen
seit jeher einen Zinnlöffel.

Ammer- und Saterland gelten als ruhige, bäuerlich geprägte Landstriche –
ideal also für eine Spritztour auf dem Zweirad.

Ein Urwald mitten in der Norddeutschen Tiefebene –
der Hasbruch ist ein solcher.

Versuchen kann man es ja mal, aber
Rhododendronblüten riechen nicht.

Special

Strom aus Watt

Borwin Bandelow hat in Tübingen
Medizin studiert und beschäftigt
sich heute mit den Abgründen der
menschlichen Psyche. Wer könnte
da auf den Gedanken kommen, dass
der Wissenschaftler als Urvater der
Ostfriesenwitze gilt? Bisweilen besitzen sie eine gewisse Komik, oftmals sind sie dagegen so platt wie
das Land hinterm Deich. Beispiel
gefällig: Warum holen Ostfriesen
immer Schlick aus dem Meer? – Sie
wollen daraus elektrischen Strom
machen, sobald sie ein Kilo Watt
beisammen haben.
Einst besuchte Bandelow hoffnungs-
froh das Gymnasium zu Westerstede,
was historisch zu Oldenburg zählt. Jedes Kind dort weiß, dass sich
Oldenburger und Ostfriesen über
Jahrhunderte nicht grün waren.
Während einer Klassenfahrt sei es
deshalb zu erheblichen Frotzeleien
mit Jugendlichen aus dem ostfriesischen Remels gekommen. Bald

darauf schrieb Bandelow mit spitzer
Feder in der Schülerzeitung „Trom-
peter" in der Rubrik „Aus Forschung
und Lehre" erstmals über den „Homo
ostfriesiensis". Man kann sich vorstellen,
dass dieser dabei nicht besonders gut
wegkam.

Der oftmals sehr derbe Spott, den
Bandelow und seine Mitstreiter
über die Ostfriesen ausbreiteten,
schwappte in den 1970er-Jahren wie
eine Flutwelle über ganz Deutschland. Die Ostfriesen lachten allerdings meist herzhaft mit – so sollen
die besten Ostfriesenwitze von Ostfriesen selbst stammen.

In Ordnung, einen hab ich noch:
Warum gibt es in Ostfriesland Ebbe
und Flut? – Als das Meer vor langer
Zeit erstmals Ostfriesen sah, hat es
sich erschrocken ganz weit zurückgezogen. Und nun kommt es jeden
Tag zweimal zurück, um nachzu-
sehen, ob diese Wesen immer noch
da sind.

den nächstbesten Gasthof ansteuern.
Das jedoch ist alles andere als stilecht.
Und es gehört sich genau so wenig, wie
den Grünkohl, auch Braunkohl genannt,
schon vor dem ersten Frost zu essen. Vor
dem Gaumenschmaus jedenfalls, so ein
ungeschriebenes Gesetz, geht es auf
Kohlfahrt. Wobei weniger gefahren, sondern mehr gewandert und gern auch getrunken wird. Der erfahrene Kohlfahrer
zieht zum Zwecke des Transports alko-
holischer Getränke einen Bollerwagen
hinter sich her. Den Korn (ostfriesisch:
Kööm) trinkt er vorzugsweise an Weg-
kreuzungen aus Schnapsgläsern oder
Eierbechern, die er sich in weiser Voraus-
sicht an einem Tüdelband um den Hals
gehängt hat. Man verbindet das
Kulinarische mit dem Geselligen, oft
auch mit sportlichen Aktivitäten, vorzugsweise dem Boßeln. Dass die Ergebnisse
von Wegkreuzung zu Wegkreuzung
immer unbefriedigender werden, ver-
steht sich von selbst. Am Ende einer er-
folgreichen Kohlfahrt bekommt ein Teilnehmer, traditionell der- oder diejenige
mit dem gesegnetsten Appetit, einen
Schweinekieferknochen am Band verliehen. Der neue Kohlkönig bzw. die neue
Kohlkönigin ist damit verpflichtet, das
Grünkohlessen der kommenden Saison
zu organisieren – was den meisten ange-
nehme Bürde zu sein scheint.

Tee ist viel mehr als nur ein Getränk

SAHNEWÖLKCHEN UND WOHLKLANG

Als Ehre gilt es in Ostfriesland, zum Tee eingeladen zu werden. Umgekehrt heißt es aber auch: Bekommt man – ob nun Ostfriese oder „Außerfriesischer" – bei einer traditionsbewussten Familie nach einer Viertelstunde noch keinen Tee angeboten, ist man mit ziemlicher Sicherheit nicht willkommen.

Tee wird in Ostfriesland nicht getrunken, das Teetrinken wird zelebriert. Gemütlich sollte es sein zur „Teetied", am Nachmittag oder auch beim „Elführtje" am Vormittag. Sich selbst einzuschenken, gilt als höchstes Banausentum. Als Erstes wandert Kandis in die Tasse. Je größer das Stück desto gern gesehener der Gast, sagt man. Ein leises Klingeln, ein Knistern ertönt, wenn die heiße Flüssigkeit auf den „Kluntjes" trifft. So ungefälr könnte es klingen, wenn ein Edelstein zerbricht. „Wohlklang" nennen es die Ostfriesen schlicht und ergreifend. Auch die Sahne wird nicht einfach so in die feinwandige Tasse gekippt, sondern mit einem angewärmten Löffel, dem „Rohmlepel", aufgelegt. Wie in einem Gemälde verteilt sich das „Sahnewölkchen".

Mit Kandis und „'n Wulkje Rohm", man trinkt den Tee hier so, weil „dat so mutt". Was dagegen überhaupt nicht sein muss, ist, mit dem Löffel in dem Kunstwerk herumzurühren. Getrunken wird in drei Abteilungen. Zuerst die milde Sahne an der Oberfläche, dann die Mitte, wo sich der eher herbe, intensive Geschmack des Tees entfaltet. Als „Nachtisch" etwas Süßes – den teilweise aufgelösten Kandis in einer Pfütze Tee. „Dree is Oostfreesenrecht", heißt es – zweimal darf man also nachbitten.

1610 brachten erstmals Schiffe der „Niederländischen Ostindien-Kompanie" Tee nach Europa. Seit Beginn des 18. Jahrhunderts importierten die Ostfriesen die kostbaren Blätter selbst. Längst gibt es genug Tee für alle, und so liegt die Hauptaufgabe der Teetester darin, jedes Jahr aufs Neue eine exakt gleich schmeckende Mischung zu zaubern, was der Quadratur des Kreises gleichzukommen scheint. Sie schaffen es trotzdem. 50 000 Teesorten sind jedes Jahr auf dem Markt. Und keine schmeckt genau so wie im Vorjahr. Also muss immer wieder neu getestet und gemischt werden. Denn schmeckt den Ostfriesen ihre Mischung – in der Hauptsache aus Assam-, Ceylon- und Darjeeling-Tees komponiert – anders als gewohnt, hagelt es harsche Beschwerden.

Ein Ausflug in die Vergangenheit: im Geschäft des Teemuseums von Leer (oben) und im Ostfriesischen Teemuseum in Norden (unten)

Bei der Teeprobe in der Teeimportfirma Uwe Rolf in Aurich

Museen

Bünting Teemuseum, Leer, Brunnenstraße 33, Tel. 04931 992 20 44, www.buenting-teemuseum.de; April–Dez. Mo.–Sa. 10.00–18.00, April–Okt. So. 14.00–17.00, sonst Di.–Sa. 10.00–18.00 Uhr
Ostfriesisches Teemuseum, Norden, Am Markt 36, Tel. 04931 12 10 0, www.teemuseum.de; tgl. 10.00–17.00, Teezeremonie Di., Mi. und Sa 14.00 sowie Fr. 11.00 Uhr

WO DAS LAND ZUM PARK WIRD

Vom Zweiten Weltkrieg weitgehend verschont, strahlt die einstige Residenzstadt Olden-burg in klassizistischem Glanz und ist Einkaufsparadies und Kulturmetropole zugleich. In der Parklandschaft des Ammerlandes lässt man sich nach einer Radtour oder einer Dampferfahrt am Zwischenahner Meer den „Smoortaal" schmecken.

❶ Oldenburg

Erwähnt wurde die „Stadt mit Herz" 1108, erste Siedlungen sollen bereits im 8. Jh. bestanden haben (Stadtrecht 1345). Heute ist der Universitätssitz viertgrößte Stadt Niedersachsens (169 000 Einw.). Ab 1667 in dänischem Besitz und durch einen Großbrand weithin zerstört, wurde Oldenburg 1773 Herzogtum (1815 Groß-herzogtum) und ab 1785 als Residenzstadt Herzog Peter Friedrich Ludwigs im klassizisti-schen Stil umgestaltet. Vom Zweiten Weltkrieg weitgehend verschont, gehört die Stadt seit 2005 zur Metropolregion Bremen/Oldenburg und bekam 2009 den Titel „Stadt der Wissen-schaften" verliehen.

SEHENSWERT

Oldenburg versprüht ein keineswegs provin-zielles Flair. Seit Gründung der Universität Anf. der 1970er-Jahre haben die bald 14 000 Stu-denten Schwung in die Stadt gebracht. 1967 wurde fast die komplette **Altstadt** TOPZIEL – als erste überhaupt in Deutschland – zur Fußgängerzone. Hier lässt es sich wunderbar bummeln und einkaufen. Cafés und Kneipen laden zum Verweilen. Sehenswert ist das neu-gotische **Alte Rathaus** (1886–1888; Markt 1), die Ende des 19. Jh. umgestaltete **Lamber-tikirche** (Urspr. 12. Jh.), das Fachwerk-**Dego-dehaus** (Markt 24) aus dem frühen 17. Jh. und das bis ins 19. Jh. immer wieder umgebaute und erweiterte **Oldenburger Schloss** (Schlossplatz 1) samt Schlossgarten.

MUSEEN

Das **Horst-Janssen-Museum** zeigt die viel-schichtigen Werke des in Oldenburg aufge-wachsenen Multitalents (Am Stadtmuseum 4, Tel. 0441 235 28 91, www.horst-janssen-museum. de; Di.–So. 10.00–18.00 Uhr). Kunstwerke aus diversen Epochen sind im **Landesmuseum für Kunst und Kulturgeschichte** zu finden: Das **Schloss** (Schlossplatz 1) beherbergt die Dauer-ausstellung „Kulturgeschichte einer histori-schen Landschaft", im Neorenaissancebau des **Augusteums** (1856/1857; Elisabethstraße 1) sind Teile der einst Großherzoglichen Sammlung – Mittelalter bis Neuzeit – zu sehen. Kunst des 19. und 20. Jh. wird im klassizistischen **Prinzen-**

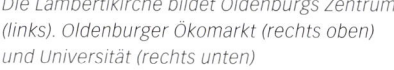

Die Lambertikirche bildet Oldenburgs Zentrum (links). Oldenburger Ökomarkt (rechts oben) und Universität (rechts unten)

palais ausgestellt (Damm 1, Tel. 0441 220 73 00, www.landesmuseum-ol.de; Di.–So. 10.00–18.00 Uhr). Und im Februar/März macht außerdem die World-Press-Photo-Ausstellung mit den besten Bildern internationaler Pressefotografen Station im Oldenburger Schlosses.
Das **Landesmuseum für Natur und Mensch** bietet einen Einblick in die Natur- und Kultur-geschichte Nordwestdeutschlands (Damm 38, Tel. 0441 924 43 00, www.naturundmensch.de; Di.–Fr. 9.00–17.00, Sa. und So. 10.00–18.00 Uhr). Das **Stadtmuseum** spiegelt die Entwicklung Oldenburgs (Am Stadtmuseum 4, Tel. 0441 235 28 86, www.stadtmuseum-oldenburg.de; Di.–So. 10.00–18.00 Uhr). Das **Edith-Ruß-Haus für Medienkunst** hat sich der Kunst mit Neuen Medien gewidmet (Katharinenstraße 23, Tel. 0441 235 32 08, www.edith-russ-haus.de; Di.–Fr. 14.00–18.00, Sa., So. 11.00–18.00 Uhr).

HOTEL UND RESTAURANTS

Empfehlenswert ist das € € € / € € **Altera-Ho-tel** (Herbartgang 23, Tel. 0441 21 90 80, www. altera-hotels.de). In der zugehörigen € € € Bras-serie & Vinothek bietet Michael Schmitz Erlese-nes (Herbartgang 6, Tel. 0441 21 90 84 00, https:// altera-hotels.de/brasserie-vinothek-michael -schmitz). Eine Institution ist das € € € /€ € **Ris-torante Pizzeria Mamma Mia** (Markt 19, Tel. 0441 15 47 0, www.mamma-mia.de).

AKTIVITÄTEN

Der Kletterwald **Kraxelmaxel** in Kirchhatten (20 km südöstl.) bietet auf 57 Stationen „alpines" Training für Groß und Klein (Kreyen-weg 10, Tel. 04482 98 03 04, www.kraxelmaxel.de).

VERANSTALTUNGEN

Im **Oldenburgischen Staatstheater** wird Oper, Operette, Musical, Schauspiel, Tanz und Konzert gegeben; der neubarocke Bau von 1893 beherbergt drei Spielstätten (Theaterwall 28, Tel. 0441 22 25 0, www.oldenburg.staats theater.de). In der **Kulturetage** sind sowohl Eigenproduktionen als auch hochkarätige

Gastkünstler zu sehen und zu hören (Bahnhofstraße 11, Tel. 0441 92 48 00, www.kulturetage.de).
In der **Weser-Ems-Halle** geben sich im Herbst
die weltbesten Reiter ein Stelldichein.
Das **Oldenburger Stadtfest** findet am letzten
Aug.-Wochenende statt. Einen ganzen Monat
steht Oldenburg im Zeichen des **Kultur-
sommers.** Der traditionelle **Kramermarkt**
Ende Sept./Anf. Okt. zählt zu den größten Volks-
festen Deutschlands. Hunte statt Hollywood,
Filmkunst statt Kommerz: Als eines der wichtigsten Filmfestivals Deutschlands hat sich das
Internationale Filmfestival Oldenburg
etabliert; im Sept. präsentieren überwiegend
junge und experimentierfreudige Filmemacher
ihre Werke (www.filmfest-oldenburg.de).

UMGEBUNG

Hudes (östl.) Sehenswürdigkeit ist die Ruine
des 1232 errichteten Zisterzienserklosters
(www.klosterhude.de). Mittelpunkt des imposanten Backsteinbaus bilden Überreste der im
16. Jh. zerstörten Klosterkirche. Von den Kloster-
bauwerk sind die Torkapelle und die Elisabeth-
kirche in ihrer ursprünglichen Form erhalten.
Wunderbare Spaziergänge lassen sich im **Hasbruch** machen, einem „Urwald" südl. von
Hudes. Bemerkenswert sind die zum Teil
1000-jährigen Eichen.
In **Elsfleth** an der Weser (nordöstl.) kann man
der „Großherzogin Elisabeth" einen Besuch
abstatten. Der Dreimast-Top-Gaffelschoner
dient seit mehr als 150 Jahren als Ausbildungs-
schiff und lädt Segelinteressierte zu mehrtägigen
oder auch zu Kurztrips ein (Tel. 04404 98 86 72,
www.grossherzogin-elisabeth.de).
Das Wahrzeichen **Brakes** (30 km nordöstl.)
weiter weserabwärts ist der Telegraph, vor Ein-
führung des Funkverkehrs die optische Signal-
vermittlung zwischen Bremerhaven und Bremen. Heute beherbergt das Backsteingebäude
von 1846 an der Kaje einen Teil des Schifffahrt-
museums der oldenburgischen Unterweser.
Der andere Teil ist im Borgstede-&- Becker-Haus
(Breite Straße 9) zu finden (www.schiffahrts-
museum-unterweser.de; April–Okt. Di.–So.
10.00–17.00, Nov.–März Di.–Sa. 11.00–17.00,
So. und Fei. 10.00–17.00 Uhr).

Tipp

Golf für jedermann

. . . .

Die Anlage „Golf in Hude" bietet etwas
Außergewöhnliches. Hier können sich
„Rookies" nicht nur auf der Driving
Range, sondern auch ohne jede Vor-
kenntnisse auf einem Neun-Loch-Platz
versuchen. Gestandene Golfer finden
eine gepflegte 18-Loch-Anlage vor.

WEITERE INFORMATION
Golf in Hude, Lehmweg 1, Tel. 04408
92 90 90, www.golfinhude.de

*Bad Zwischenahn: St.Johannes am Markt (links)
und Spieker des Freilichtmuseums (rechts oben).
Aalräucherei in Dreibergen (rechts unten)*

INFORMATION
Tourist-Information, Lappan, Lange Straße 3,
26122 Oldenburg, Tel. 0441 36 16 13 66,
www.oldenburg-tourismus.de

➋ Bad Zwischenahn

Erstmals 1124 erwähnt, darf Zwischenahn
(27 000 Einw.) seit 1919 den Titel „Bad" tragen.
Das Zwischenahner Meer, mit 550 ha Niedersachsens drittgrößtes Binnengewässer, gilt als
die „Perle des Ammerlandes". Fast durchgängig
von einem Schilfgürtel umgeben, bietet es
zahlreichen Vogelarten Lebensraum. Im See
tummeln sich neben Aalen, der Spezialität der
Region, Karpfen, Zander, Barsch oder Hecht.
Wanderer, Radfahrer oder auch Wassersportler
kommen an der klaren Luft auf ihre Kosten. In
der Hauptsaison geht es auf der Promenier-
meile Peterstraße recht trubelig zu.

SEHENSWERT
Wahrzeichen ist die **Pfarrkirche St. Johannes**
aus dem frühen 12. Jh.; 1469 entstand der
Glockenturm. Sehenswert ist das Fresko „Das
Jüngste Gericht" über dem Altar im Chorge-
wölbe (1512); lange übermalt, wurde es erst
1904 freigelegt und restauriert. Im **Alten Kurhaus** (1874) in einem ausgedehnten Park finden Vorträge, Konzerte, Ausstellungen und
Seminare statt. Die zweistöckige **Holländer-
Windmühle** stammt von 1811.

MUSEUM
Einen anschaulichen Eindruck in die bäuerliche
Lebenskultur der Zeit um 1700 bekommt man
im **Freilichtmuseum** mit seinen 14 Gebäuden,
darunter Bauernhäuser und Nebengebäude wie
eine Schmiede (Tel. 04403 20 71, www.ammer-
laender-bauernhaus. de; Bauernhaus April bis
Sept. tgl. 10.00–18.00, März und Okt. tgl. 11.00
bis 17.00 Uhr, weitere Gebäude kürzer geöffnet).

RESTAURANTS
Das Sterne-Restaurant € € € € **Apicius** im
Jagdhaus Eiden bietet regionale Spitzengas-
tronomie. Gleich nebenan befinden sich die
€ € € / € € **Jäger- und Fischerstuben** (Eiden 9,
Tel. 04403 69 80 00, www.jagdhaus-eiden.de).
Rustikaler geht es im historischen € € € / € €
Spieker TOPZIEL des Freilichtmuseums zu;
Spezialität ist „Smoortaal", der traditionelle
Räucheraal der Region (Tel. 04403 23 24, www.

derspieker.de). Längst kein Geheimtipp mehr
ist das **Restaurant Juister** im Zwischenahner
Segel Klub. Das Essen ist gut und nirgendwo
am See kann man besser den Sonnenunter-
gang genießen als von der dortigen Terrasse
(Seerosenweg 10, Tel. 04403 25 71, www.
der-juister.de).

UMGEBUNG
Lustwandeln lässt es sich im **Park der Gärten**
im Ortsteil Rostrup am Westufer des Zwischenahner Meers – besonders im Mai und Juni,
wenn die Rhododendren in voller Blüte stehen
(Tel. 04403 81 96 0, www.park-der-gaerten.de;
Mitte April–Anf. Okt. tgl. 9.30–18.30 Uhr). Per
Schiff oder auf dem Naturlehrpfad entlang der
Seeufer lohnt sich ein Ausflug nach **Dreibergen,**
wo eine Burganlage aus dem 12. Jh. gestanden
haben soll. Sehenswert sind auch die **Ekerner**
(südl.) und die **Querenstedter Mühle** (südw.).

INFORMATION
Bad Zwischenahner Touristik Gesellschaft,
Auf dem Hohen Ufer 24,
26160 Bad Zwischenahn, Tel. 04403 61 91 59,
www.touristik-bad-zwischenahn.de

➌ Westerstede

Westerstede wurde erstmals 1123 erwähnt.
Stadtrecht hat die Kreisstadt (22 000 Einw.) des
Landkreises Ammerland seit 1977. Wahrzei-
chen ist der 46 m hohe Glockenturm der St.-
Petri-Kirche, bekannt ist der Erholungsort je-
doch für seine prächtigen Parks und Gärten.

SEHENSWERT
Die romanisch-gotische **St.-Petri-Kirche**
(1123 gestiftet) mit Wehrcharakter ist größte
Kirche des Ammerlandes; ihre Orgel von 1687
soll einen besonders schönen Klang haben.

Hauptattraktion ist der **Rhododendron-Wald-park** in Linswege (nordöstl.). 1928 zog Park-gründer Dietrich G. Hobbie die ersten Pflanzen, inzwischen ist die Blütenpracht (Mai–Anf. Juni) mehrerer Hundert Rhododendron- und Azaleen-sorten zu bewundern, die hier auch zu erwerben sind (www.hobbie-rhodo.de; ganzjährig tgl. 9.30–19.00 Uhr).

AKTIVITÄTEN

Im historischen **Schienenbus** geht es in ge-mächlicher Fahrt durch die Ammerländer Park-landschaft bis ins Saterland. Hobbylokomotiv-führer können ein „Zugführerpatent" erwerben (www.mabs-online.de und Tourist-Informatio-nen von Bad Zwischenahn und Westerstede; April–Okt.). **LandErlebnis Janßen** bietet einen Mix aus Spiel & Spaß (Treckerbahn, Maislaby-rinth, Minizoo) sowie Genuss und Verkauf von regionalen Spezialitäten (www.landerlebnis.de)

VERANSTALTUNG

Alle vier Jahre findet im Mai die **Rhodo** statt (wieder 2022), die größte Rhododendron-Schau Europas; alle Rhododendren und Azaleen werden Ende April–Mitte Juni durchgängig am Blühen gehalten (www.rhodo.de).

INFORMATION

Touristik Westerstede, Am Markt 2, 26655 Westerstede, Tel. 04488 55 66 0, www.westerstede-touristik.de

④ Rastede

Den heutigen Luftkurort (20 700 Einw.) wussten schon die Oldenburger Herzöge zu schätzen und machten ihn zur Sommerresidenz. Erwähnt wurde er erstmals zusammen mit der 1059 gestifteten St.-Ulrichs-Kirche. Rund 30 Jahre später folgte die Gründung eines Benediktiner-klosters. Rastede war über Jahrhunderte das geistige Zentrum der Region.

SEHENSWERT

Die **St.-Ulrichs-Kirche** zählt zu den kulturhis-torisch bedeutendsten Bauwerken der Region. Sie birgt eine frühromanische Krypta und zeichnet sich durch ihren aufwendig gestalteten Kirchenraum im Rokokostil aus. Wenige Schritte von dem aus ehem. Klosterbauten entstandenen klassizistischen **Schloss** (18. Jh. und um 1816) entfernt, lädt das Ende des 18. Jh. errichtete **Erbprinzenpalais** zu diversen Aus-stellungen (Mi.–Fr. und So. 11.00–17.00 Uhr).

MUSEUM

Der 1666 erbaute Fabricius-Hof ist eher be-kannt unter dem Namen **Jan Pastor sin Hus.** Seit 1990 beherbergt das Fachwerkhaus ein **Bauernhofmuseum** (Raiffeisenstraße 60, Tel. 04402 8 21 92, www.bauernmuseum-rastede.de; März–Okt. Fr. und So. 14.00–18.00 Uhr).

INFORMATION

Tourist-Information, Baumgartenstraße 10, 26180 Rastede, Tel. 04402 86 38 55 0, www.rastede-touristik.de

RADELN DURCH BLÜHENDE LANDSCHAFTEN

Platt wie ein Pfannkuchen – so kann man die Topografie Ostfrieslands und des Oldenburger Lands auf den Punkt bringen. Kein Hügel verstellt den Horizont, die härtesten „Anstiege" führen über Autobahnbrücken. Ein Paradies für Radfahrer, wenngleich auch dort häufig eine Art „Feind" lauert: der Wind. Besser gesagt: der Gegenwind. Überwiegend weht er aus südwestlicher Richtung und vor allem an der Küste sollte man die Windverhältnisse bei der Routenplanung einbeziehen. Schließlich gibt es kaum etwas Besseres, als sich vom Rückenwind treiben zu lassen. Im Landes-inneren bläst es zumeist nicht so stark.

Ganz besonders bietet sich das Ammerland für Radtouren an. Die Region wartet mit einer Vielzahl an idyllischen und bestens ausgeschilderten Routen auf, darunter zwei „Rhododendron-Rou-

Radwege führen auch bis in den Neuenburger Urwald zwischen Oldenburg und Wilhelmshaven, das Bike sollte aber hier etwas robuster gebaut sein.

ten". Eine zieht sich über rund 46 km, die zweite Variante ist mit 35 km etwas kürzer. Auf der längeren Strecke passiert man die Rhododendron-Schaugärten in Linswege, Gristede und Rostrup. Der kürzere Weg führt unter anderem zur gartenhistorisch be-deutenden Rhododendron-Hecke des Rasteder Schlosses und zum Landschaftsfenster „Wallhecken" bei Wiefelstede. Auf beiden Routen werden Radler auf kleinen Straßen und Wirtschaftswegen ohne nennenswerte Steigungen durch eine abwechslungsreiche Landschaft geleitet. Als Ausgangspunkte bieten sich Westerstede, Bad Zwischenahn, Rastede oder Wiefelstede an.

Die **Ammerland-Touristik** bietet Rundtouren mit Übernachtung und Hoteltransfers, spezielles Kartenmaterial und GPS-Daten zum Download (www.ammerland-touristik.de). Viele Hotels sind als fahr-radfreundliche Betriebe klassifiziert. In zahlreichen Servicestationen können Räder geliehen werden – auch E-Bikes, die lästigen Gegen-wind ausgleichen. Tafeln an den Strecken bieten Informationen zur Region, „Landschaftsfenster" auf begehbaren Türmen Blicke über das Ammerland.

Fehnland

*

HEIMAT VON TRAUMSCHIFFEN

*

Knochenhart war das Leben der ersten Moorkolonisten. Auch heute wird in Papenburg, der Heimatstadt der Meyer-Werft, noch hart gearbeitet. Bald hinter Leer mit seiner schönen Altstadt beginnt dann das „Ende der Welt". Und am Upstalsboom bei Aurich wurde einst so etwas wie Demokratie geprobt, ehe die Häuptlinge Ostfrieslands die Macht übernahmen.

Eines der neun Nachbauten typischer Papenburger Schiffe: die Schonerkuff „Margaretha von Papenburg" am Hauptkanal

Aurichs altes Zentrum wird vom Lambertikirchturm überragt (links). Das traditionelle Bild der Leerer Altstadt blieb in der Rathausstraße erhalten (rechts).

Ende des 18. Jahrhunderts wurde der Chor der Leerer Lutherkirche erweitert, um dort auch eine Orgel einbauen zu können

Alle zwei Jahre treffen sich im vom Rathausturm überragten Hafen von Leer die Traditionsschiffe

Windmühlen gehören zur ostfriesischen Halbinsel wie der Wurm ins Watt oder die „Kluntjes" in den Tee. Bereits im Jahr 1424 wurde in Esens die erste Mühle errichtet. Korn gemahlen wird heute allerdings nur noch selten in den historischen Bauwerken. Viele wurden jedoch sorgfältig restauriert, beherbergen nun Galerien, Teestuben oder auch Heimatmuseen. Als es noch kein Telefon gab, dienten die Mühlenflügel auch der Kommunikation. Je nach Stellung signalisierte der Müller in einer speziellen

»KLAPPERN GEHÖRT ZUM HANDWERK« — DIESER SATZ GILT NATÜRLICH AUCH FÜR DIE (ENERGIE-)MÜLLER HEUTIGER TAGE.

„Mühlensprache", ob er eine Pause einlegen wollte oder gar nicht gedachte zu müllern, ob es Anlass zur Freude oder zur Trauer gab.

So kommunikativ sind die Rotoren der modernen Windenergieanlagen nicht, von denen hier fast 2000 angesiedelt sind – Tendenz steigend. Die Geschichte der Windenergie in Ostfriesland weist Parallelen zum Computer-Giganten Apple auf. Auch Aloys Wobben hat – wie Apple-Gründer Steve Jobs – in einer Garage begonnen, 1984 war das, in Aurich. Mit reichlich Visionen und einer Sekretärin in Teilzeit. Die Ostfriesen nahmen den „Daniel Düsentrieb des Windes" zunächst nicht ernst, inzwischen ist Wobbens Enercon-Konzern größter Produzent von Windenergieanlagen in Deutschland und ein veritabler Jobmotor in der Region. Kritiker klagen über die „Verspargelung" der Landschaft, Umfragen haben allerdings ergeben, dass sich die wenigsten Ostfriesland-Gäste daran stören.

Was zeichnet die ostfriesische Landschaft aus? Hohe Deiche und Windräder zur Stromgewinnung –
so auch in Ditzum an der Emsmündung

Papenburgs Schifffahrtsmuseum ist über die Kanäle der Stadt verteilt. So ist beispielsweise vor dem
Papenburger Rathaus ein Nachbau der Brigg „Friederike von Papenburg" vertäut.

Die Skulptur „Tant' Dientje" in Ditzum ruft den arbeitsreichen Frauenalltag in Erinnerung.

In der Ditzumer Mühle wird noch das Handwerk eines Windmüllers gezeigt.

DIE AUF IHREM FETTEN MARSCHBODEN WOHL-HABEND GEWORDENEN POLDERBAUERN WURDEN GERN »POLDERFÜRSTEN« GENANNT.

„Klappern gehört zum Handwerk", heißt es bekanntlich, und so haben die Touristiker inzwischen die modernen Anlagen in ihre „Mühlen-Tour" integriert, Führung und Fernsicht aus 60 Meter Höhe inklusive.

AM ENDE DER WELT

Im flachen Ostfriesland, so sagt man, sieht man schon heute, wer morgen zu Besuch kommt. Am „Endje van de Wereld", der Halbinsel zwischen Ems und Dollart, wird es höchstens dann schwierig, wenn die Besucher sich gerade in einer Senke unter dem Meeresspiegel befinden. Davon gibt es im Rheiderland, einst die Ziegeleihochburg Deutschlands, reichlich. Am Wynhamster Kolk soll der tiefste Punkt Niedersachsens liegen, 2,51 Meter unter Null. Behaupten die Rheiderländer. Diesen Rekord beanspruchen sie allerdings auch in Freepsum in der Krummhörn für sich.

Jahrhunderte lang haben sie im Rheiderland nasse Füße bekommen, immer wieder hieß es „Land unter". Mehrere Dutzend Dörfer sind im Dollart versunken. Der Sage nach sollen Seeleute die Spitzen ihrer Kirchtürme gesehen und gar das Glockenläuten der Torumer Kirche gehört haben. Nach der natürlichen Verlandung um 1600 und der fleißig betriebenen Einpolderung ist die

Meeresbucht inzwischen nur noch ungefähr ein Drittel so groß wie im späten Mittelalter.

DE DÜTSCHEN SIN' DOR

Heute fürchten sich die Rheiderländer eher davor, dass ihre Idylle von Touristen überschwemmt wird als von der nächsten Sturmflut. Sie sind stolze Friesen, sesshaft und heimatverbunden. Hier zählt, was Enno Hektor vor gut 150 Jahren als Ostfriesenhymne aufschrieb: „In Ostfreesland is't am besten, over Freesland geit der nix." Gesungen übrigens mit der Melodie von „Weißt du wie viel Sternlein stehen?". Typisch war es, dass sich die Dorfhonoratioren Ditzums beispielsweise, als sie vor vielen Jahren beisammensaßen und Karten spielten, von den lärmenden Fremden gestört fühlten. Nachdem sich der Dorfschmied das Treiben eine Weile lang angesehen hatte, stand er auf und wetterte: „Nu' reicht dat aber. De Dütschen sin' dor." Geschlossen verließen die Ditzumer ihre Stammkneipe. Inzwischen wissen sie um die veritable Einnahmequelle des Tourismus und empfangen ihre Gäste gern am „Ende der Welt". Im malerischen Hafen von Ditzum, in der Weite der Marschlandschaft mit ihren imposanten Gulfhöfen und den schiefen Backsteinkirchen.

Zum Fehngebiet gehören Klappbrücken, die an Holland erinnern. Aus preußischer Zeit stammt dagegen manche Backsteinkirche wie diese in Westrhauderfehn.

Über 173 Kilometer durchzieht die Deutsche Fehnroute das Moorgebiet Ostfrieslands

Östlich von Leer überspannt bei Amdorf seit 1956
Deutschlands schmalste Autobrücke die Leda.

VOM MOOR ZUM MEER

Zu behaupten, dass die Rheiderländer zu übermäßiger Ordnungsliebe neigen, dürfte noch ein wenig untertrieben sein. Es scheint eher so, als würden sie es nicht aushalten können, wenn etwas in ihren Vorgärten nicht rechtwinklig angeordnet ist. Nach diesem strengen Muster sind auch die Kanäle und Wieken in der Fehnlandschaft des Overledingerland angelegt. Diese Wasserläufe sorgten einst dafür, dass die lebensunfreundliche Moorlandschaft entwässert und schließlich kultiviert werden konnte. „Den Ersten der Tod, den Zweiten die Not, den Dritten das Brot", das galt auch hier. Die Redensart macht deutlich, welche

DURCH TORFABBAU UND MOORKULTIVIERUNGEN VERSCHWAND DER NATURRAUM MOOR WEITGEHEND AUS NORDWESTDEUTSCHLAND.

Entbehrungen die ersten „Fehntjer" auf sich nehmen mussten. Die Kanäle dienten auch als Transportwege für den gewonnenen Schwarztorf. Für den Rückweg luden die Moorpioniere Schlick, den sie mit Weißtorf als Dünger für ihre „Kolonate" mischten. Erst dadurch konnten sie Ackerbau und Viehzucht betreiben und ihre Lebenssituation verbessern.

Später entdeckten sie bei ihren Reisen an die Küste, welche Möglichkeiten die Seeschifffahrt ihnen bot. Die Abenteuerlust war geweckt, und die einstigen Kanalschiffer fuhren vom Moor aus rund um den Erdkreis über alle sieben Weltmeere.

Schiffsüberführung auf der Ems

„TIME TO SAY GOODBYE"

*Die Überführungen der riesigen Kreuzfahrtschiffe von der Meyer-Werft
in Papenburg über die Ems sind ein Spektakel, das jedes Mal Tausende
von „Sehleuten" anzieht. Die Kapitäne leisten dabei Millimeterarbeit,
wenn sie die Luxusliner über die aufgestaute Ems in Richtung Nordsee
navigieren. Umweltschützer hingegen protestieren seit Jahren gegen
die Passagen der Ozeanriesen.*

Die Schiffssirene dröhnt ein letztes „Goodbye" und findet ein Echo im riesigen Trockendock, in dem die Papenburger Meyer-Werft die größten Kreuzfahrtschiffe der Welt baut – Dimensionen, an die der Werftgründer 1795 mit Sicherheit nicht gedacht hat. Als das schwimmende Luxus-Hotel „Celebrity Equinox" um kurz nach 1.00 Uhr nachts die Dockschleuse verlässt, brandet Applaus auf. Tausende haben einmal mehr den Weg an die Ems gefunden, um die Passage in Richtung Nordsee zu verfolgen. Peter und Monika Wohlau aus Essen sind „Wiederholungstäter". „Eine einzigartige Stimmung und ein wunderschöner Anblick, wenn das Schiff nachts voll beleuchtet die Schleuse verlässt", sagt Monika Wohlau. Ihr Mann ist von der Präzision begeistert, mit der die Kreuzliner durch den schmalen Fluss gesteuert werden. Zwei Schlepper unterstützen Kapitän Thomas Teigte und seine drei Kollegen, „Leihgaben" der Lotsenbruderschaft Emden. Ihre Reise treten die Schiffe übrigens mit dem Heck voraus an. Erfahrungsgemäß lassen sich die Kolosse so besser beherrschen. Und die Witterungsbedingungen müssen stimmen. Bereits eine stärkere Böe reicht aus, das ganze Projekt zu gefährden.

Längst hat die Passage Event-Charakter, wie es neudeutsch heißt. Es herrscht Volksfeststimmung. Das Warten vertreiben sich viele an einer der zahlreichen Imbiss-Buden – inzwischen ist es fast 4.00 Uhr nachts. Es kommt selten vor, dass man um diese Zeit noch eine Bratwurst bestellt – heute ist alles anders, heute geht das. Andere haben sich bereits die besten Plätze am Deich gesichert. Manche sind professionell ausgerüstet, mit regenfester Kleidung, Wanderschuhen und Kopflampe. Andere, Teenager aus der Region, hüpfen aufgeregt im Fummel über den Deich, sie kommen gerade aus der Disko.

Sie alle eint die Faszination, wenn sich der Gigant seinen Weg durch die schmale Ems bahnt. Es regnet inzwischen Bindfäden, doch auch vom „Schietwetter" lassen sich die Besucher ihre Laune so schnell nicht verderben.

EIN KNALLHARTES GESCHÄFT

Über 2800 Passagiere finden Platz auf dem Schiff, mehr als 1200 Mann Besatzung werden für das Wohl der Gäste sorgen. Denen soll es an nichts mangeln. Rund 90 Prozent der Kabinen besitzen einen Balkon, auf dem Oberdeck wächst echter Rasen, Restaurants, Kinos, Theater, ein Casino, Shopping-Malls, Poollandschaften, Fitness- und Wellness-Angebote gehören zur Grundausstattung.

Glamouröse Kreuzfahrtträume als Modell im Besucherzentrum und die reale Arbeitswelt in der Meyer-Werft

Letzte Arbeiten im Hintergrund, erste für ein neues Schiff vorn

Bevor ein neues Traumschiff die Werft verlässt, wird den Besuchern an Land tüchtig eingeheizt

Fakten

. . . .

Rund 300 000 Besucher, die Einblicke in den modernen und den herkömmlichen Schiffbau der vergangenen Jahre bekommen möchten, zählt die Meyer-Werft alljährlich. Im **Besucherzentrum** werden ihnen illustrierende Ausstellungsstücke, Modelle, Filme und sogar eine Musterkabine präsentiert. Besichtigungen sind nach vorheriger Anmeldung bei der **Papenburg Tourismus Gesellschaft** möglich (Postfach 1755, 26857 Papenburg, Tel. 04961 83960, www.papenburg-tourismus.de).

Die „Celibrity Equinox" ist für die Meyer-Werft längst Schiffbauge-schichte. Mittlerweile gilt aller Einsatz dem „Green Cruising"-Konzept: Die nochmals größere, 2018 vom Stapel gelaufene „AIDAnova" ist das weltweit erste Kreuzfahrtschiff, das komplett mit Flüssiggas angetrieben wird. Einmal mehr will die Traditionswerft zeigen, dass die großen Innovationen im Kreuzfahrtschiffbau immer noch von der Ems kommen.

Doch hinter dieser glitzernden Kulisse lauert gnadenloser Wettbewerb. Schiffbau scheint in Deutschland ge-nerell und in Ostfriesland insbesondere ein Auslaufmodell zu sein – der Verkauf der Nummer zwei, der Nordseewerke in Emden, und deren gescheiterter Umstieg auf Windenergieanlagen zeigt das überdeutlich. Wer hier sonst noch Schiffe baut, ist international gesehen nicht der Rede wert. Das lässt für Meyers offenkundige Sonderstellung Verständnis aufkommen – sie ist die letzte von einmal 20 Werften allein in Papenburg.

ÖKONOMIE GEGEN ÖKOLOGIE

Theo Rhode aus Gütersloh ist zum ersten Mal dabei. Eine Kreuzfahrt wäre nichts für ihn. „Zu langweilig", sagt er, „aber das hier muss man gesehen haben." Das Schiff passiert inzwischen die Friesenbrücke. „Time to say goodbye" schallt aus den Lautsprechern des Schiffs. Handy-Kameras und Camcorder am Deich blitzen und blinken, während ganz oben am Schornstein letzte Schweißarbeiten erledigt werden. Inzwischen beginnt es zu dämmern und taucht das Schauspiel in das sanfte Licht des frühen Morgens. Einige der Zuschauer, das kann man jetzt sehen, haben sogar Tränen in den Augen.

Anderen treibt die Aktion die Zornesröte ins Gesicht. Seit Jahren protestieren Umweltschützer gegen die Überführungen. Die Folgen für das Ökosystem entlang des Flusses seien gravierend und irreparabel. Um die fragile Flusslandschaft und deren Bewohner zu retten und gleichzeitig die Schiffspassagen zu gewährleisten und Arbeitsplätze zu sichern, wurde über den Bau eines Emskanals nachgedacht. Doch schließlich schob die Lenkungsgruppe in der niedersächsischen Staatskanzlei den Plänen einen Riegel vor – mit rund einer Milliarde Kosten seien sie viel zu teuer, hieß es. Die Meyer Werft hingegen wehrt sich weiterhin, an die Küste umzuziehen.

Noch aus einem weiteren Grund ist die Zukunft der Meyer-Werft ungewiss: Die Corona-Pandemie traf die Kreuzfahrtindustrie mit großer Wucht, der Bedarf an neuen Luxuslinern brach 2020 komplett ein. Selbst die Ablieferung bereits bestellter Schiffe wird sich verzögern – und die Ems zumindest eine Atempause bekommen.

Sky View Imaging

Entdecke die Herrlichkeit Schloss Evenburg

Am Ortsrand von Leer liegt ein besonderes Baujuwel - Schloss Evenburg. Das Schloss zeigt seit 1861 innen und außen ein neugotisches Gesicht - so wie es damals Mode war - und auch der englische Landschaftsgarten entspricht dem Zeitgeist. In liebevoll restaurierten Räumen zeigt eine Dauerausstellung das Leben der Grafenfamilie, die viele Generationen hier wohnte und wirtschaftete. Der Park und zwei beeindruckenden Alleen sind zu jeder Jahreszeit schön.

In der Evenburg werden auch außergewöhnliche Führungen angeboten. So können Sie sich von Schlosspersönlichkeiten in die Vergangenheit entführen lassen.

Vielfältige Veranstaltungen im Schloss und im Park eignen sich für jedes Alter und jeden Geschmack.

Das Schloss ist täglich von Mitte März bis zum 10. Januar geöffnet. Der Park ist ganzjährig frei zugänglich.

Schloss Evenburg
Am Schlosspark 25
26789 Leer
Tel 0491 99756000
www.schloss-evenburg.de
info@schloss-evenburg.de

SCHLOSS EVENBURG
LEER · OSTFRIESLAND

GANZ UND GAR NICHT SCHAURIG

„In Aurich ist es schaurig, in Leer noch viel mehr", reimt der Volksmund. Beides ist „dumm Tüch", also „dummes Zeug". Aurich gilt als heimliche Hauptstadt Ostfrieslands, Leer, das „Tor Ostfrieslands", zeigt stolz einen mittelalterlichen Stadtkern. Zwischendrin liegt reichlich plattes Land, durchzogen von unzähligen Wasserläufen. Ursprüngliches Ostfriesland, das sich bis zum „Ende der Welt" am Dollart erstreckt.

① Aurich

Aurich (40 000 Einw.; ostfriesisch: Auerk) wurde erstmals 1276 im „Brokmerbrief" erwähnt und Ostfriesland von hier aus über 400 Jahre regiert. Heute ist die alte Residenzstadt ein modernes Mittelzentrum mit zahlreichen Einkaufsmöglichkeiten. Tradition wird dennoch gewahrt: Die Stadt ist Sitz der „Ostfriesischen Landschaft", urspr. der politische Verbund der ostfriesischen Stände und heute Ostfrieslands Kulturparlament. Höchst umstritten ist der sogenannte Sous Turm auf dem Auricher Marktplatz. Das 25 m hohe, mit Plexiglas verkleidete Kunstobjekt wird von Spöttern wahlweise auch „Auricher Tauchsieder" oder „Weltraumpenis" genannt.

SEHENSWERT
Im Auricher **Schloss** residierten von 1565 bis 1744 die Grafen und Fürsten Ostfrieslands. Mitte des 19. Jh. ließ König Georg V. von Hannover die Residenz im englischen Tudorstil historistisch neu errichten (heute Verwaltung). Sehenswert ist auch die **Neue Kanzlei** bzw. **Marstall** von 1731 (heute Verwaltung). Wahrzeichen der Stadt ist der **Lambertiturm**; die zugehörige Kirche von 1835 beherbergt eine bedeutende Orgel sowie den spätgotischen Ihlower Altar (um 1510) aus Antwerpen (Tel. 04941 22 39, www.aurich-lamberti.de). Die um 1855 erbaute **Stiftsmühle**, ein fünfstöckiger Galerieholländer, ist die zweithöchste Mühle Ostfrieslands (29 m). Auch das sogenannte **Pingelhus** (um 1800) zählt zu den Wahrzeichen Aurichs; im ehem. Hafenwärterhäuschen wurden früher die Schiffe mit Glockenläuten begrüßt bzw. verabschiedet. Das **Knodtsche Haus**, ein Bürgerhaus (um 1735) in niederländischem Spätbarock, ist heute Gastwirtschaft.

MUSEEN
Im **Historischen Museum** in der Alten Kanzlei (um 1530) wird die Geschichte der Ostfriesen am Beispiel der Stadt Aurich veranschaulicht – von der Steinzeit bis ins 20. Jh. (Burgstraße 25, Tel. 04941 12 36 00, www.museum-aurich.de; Feb.–Dez. Di.–So. 11.00–17.00 Uhr). Das **Moormuseum** in Moordorf (westl.) zeigt die Entwicklung einer ostfriesischen Moorkolonie

(Victorburer Moor 7a, Südbrokmerland, Tel. 04942 27 34, www.moormuseum-moordorf.de; April–Okt. tgl. 10.00–18.00 Uhr, Nov.–März z.T. kürzere Öffnungszeiten).

HOTELS
In der Auricher Altstadt liegen die Hotels € € / € **Twardokus** und **Alte Kantorei** (Kirchstraße 4, 26603 Aurich, Tel. 04941 99 09 0, www.twardokus.de).

VERANSTALTUNG
Mitte Aug. feiert Aurich sein **Stadtfest**, im Juli das **Weinfest**.

UMGEBUNG
Etwa 3 km südw. von Aurich befindet sich in Rahe der **Upstalsboom**. Hier versammelten sich im Mittelalter an Pfingsten die Abgesandten der friesischen Landesgemeinden. Das **Große Meer** im Süden des Südbrokmerlands bietet gute Bedingungen für Wassersportler, das **Ewige Meer** im Norden ist mit einer Wasserfläche von rund 90 ha größter Hochmoorsee Deutschlands.

INFORMATION
Verkehrsverein, Norderstraße 32, 26603 Aurich, Tel. 04941 44 64, www.aurich-tourismus.de

② Jemgum-Ditzum

Die Ostfriesen nennen die Region zwischen Ems und Dollart das „Endje van de Wereld". Zwischen sattgrünen Weiden ragen uralte Backsteinkirchen in den Himmel, funktionstüchtige Mühlen drehen sich im Wind. Das Fischerdorf Ditzum mit seiner Krabbenkutterflotte und der traditionellen Werft ist ein Pflichtbesuch. Vom Hafen aus verkehrt eine Fähre in den Emder Stadtteil Petkum – eine wichtige Verbindung für die zahlreichen Radwanderer, für die das „Endje van de Wereld" nicht das Ende ihrer Reise sein soll.

SEHENSWERT
Die Backstein-Kirche in **Midlum** aus dem 12. Jh. (Dorfstraße 26, Tel. 04958 12 08) ist mit ihrem kleinen und überaus schiefen Turm eine der

Das Uptalsboom-Denkmal bei Aurich (links); das neugotische Schloss Aurich (rechts)

Tipp

Ausflüge zu Wasser

In Leer lassen sich vielfältige Ausflüge unternehmen. Im Angebot sind neben der klassischen Hafenrundfahrt die Drei-Flüsse-Fahrt über Leda, Ems und Jümme, Tagestouren in die Niederlande zum Wochenmarkt nach Groningen oder auch kürzere Törns zum Emssperrwerk nach Gandersum sowie nach Ditzum.

WEITERE INFORMATIONEN
Germania Schifffahrtsgesellschaft, Rathausstraße 4a, Leer, Tel. 0491 59 82, www.germania-schifffahrt.de

ältesten Ostfrieslands. Einen Turm in Form eines Leuchtturms besitzt die Kirche (Hofstraße 11, Tel. 04902 272) von **Ditzum** (westl. außerhalb der Detailkarte, s. Karte S. 30). Weitere imposante Backstein-Kirchen stehen in **Critzum, Holtgaste, Marienchor, Böhmerwold, Oldendorp** und **Hatzum**.

RESTAURANTS
Zu empfehlen sind die Fischgerichte im € € **Alten Haus am Siel** (Sielstraße 23, Tel. 04902 658, www.alteshausamsiel.de). Leckere Krabbenbrötchen, Räucher- und Bratfisch gibt es in der € **Krabben- & Fischhandlung Jan Bruhns & Co.** direkt am Ditzumer Hafen (Tel. 04902 91 20 91, www.ditzumer-krabben.de).

AKTIVITÄTEN
Mit dem **Fischkutter „Heike"** können Gruppen auf „kleine Fahrt" gehen, Krabbenpulen inklusive. Weiter im Angebot sind die Besichtigung des Emssperrwerks oder naturkundliche Exkursionen mit dem Naturschutzbund Deutschland auf Ems und Dollart.

INFORMATION
Verkehrsverein Ems-Dollart, Am Hafen 1, 26844 Jemgum-Ditzum, Tel. 04902 91 20 00, www.ditzum-touristik.de

③ Leer

Leer, mit knapp 35 000 Einw. drittgrößte Stadt Ostfrieslands, liegt zwischen Leda und Ems. Gegründet wurde das „Tor Ostfrieslands" bereits im 8. Jh., hier weihte der Friesenapostel Liudger 791 n. Chr. die erste Kirche in der Region. Im späten 14. und frühen 15. Jh. regierte der mächtige Häuptling Focko Ukena Ostfriesland von Leer aus. Erst 1823 erhielt es Stadtrecht. Die Stadt ist nach Hamburg der zweitgrößte Seereederei-Standort Deutschlands.

SEHENSWERT
Die **Altstadt TOPZIEL** zählt zu den schönsten historischen Stadtkernen Norddeutschlands

(17. und 18. Jh.); Musterbeispiel ist das **Haus Samson**. Nur einen Katzensprung vom **Museumshafen** entfernt stehen die beiden Wahrzeichen, die niederländisch-barocke **Stadtwaage** (1714) und das **Rathaus**, 1894 im Neorenaissancestil erbaut (Rathausstraße 1, Tel. 0491 978 25 00; Mo.–Do. 8.00–18.00, Fr. 8.00 bis 13.00, Führungen April–Sept. Di. 15.00 und Do. 11.00 Uhr). Mit der **Lutherkirche** von 1675, der 1825 klassizistisch erbauten **Mennonitenkirche**, dem barocken Backsteinbau der **Reformierten Kirche** (1787) und der katholischen **St.-Michael-Kirche** von 1767 ragen mehrere Kirchtürme in den Himmel (Besichtigungen n. Vereinb. mit den Küstern oder bei Stadtführungen). Die zweiflügige **Haneburg** (Haneburgallee 8; Volkshochschule) geht auf das 15. Jh. und den Ostfriesenhäuptling Hayo Unken zurück (im 17. Jh. im Renaissancestil erneuert). Die im 19. Jh. neugotisch erneuerte **Evenburg** (Urspr. 17. Jh.) mit ihrem schönen Park dient Veranstaltungen als edle Kulisse, als Museum für adlige Wohnkultur im 19. Jh. und als Zentrum für Gartenkultur (Am Schlosspark 25, Leer-Loga, Tel. 0491 99 75 60 00, www.schloss-evenburg.de; Mitte März–Okt. tgl. 10.00–18.00, Nov.–Mitte Jan. tgl. 11.00–17.00 Uhr).

MUSEEN
Der Speicher des frühbarocken **Haus Samson** (1643) präsentiert gutbürgerliche ostfriesische Wohnkultur (Rathausstraße 18, Tel. 0491 92 52 30; Mo.–Fr. 9.00–12.30 und 15.00–17.30 Uhr). Das **Heimatmuseum** dokumentiert die Geschichte der Stadt (Neue Straße 12, Tel. 0491 20 19, www.heimatmuseum-leer.de; Di.–Sa. 11.00–17.00, So. 11.00–14.00 Uhr). Das **Teemuseum TOPZIEL** ist der ostfriesischen Teekultur gewidmet (Brunnenstraße 33, Tel. 04931 992 20 44, www.buenting-teemuseum.de; Mo.–Sa. 10.00–18.00, April–Okt. auch So. 14.00–17.00 Uhr). Das **Leeraner Miniaturland** ist definitiv nicht nur etwas für die „Lütschen". Auch Erwachsene sind fasziniert von der 1500 m² großen Modelllandschaft im Maßstab 1:87 (Di.–So. 11.00–17.00 Uhr, Konrad-Zuse-Straße 1, Tel. 0491 454 15 40, www.leeraner-miniaturland.de).

HOTELS UND RESTAURANTS
„Tradition trifft Moderne", so lautet der passende Slogan für das direkt an der Leda gelegene € € € / € € **Hotel Hafenspeicher** in Leer

(Ledastraße 23, Tel. 0491 997 53 00, www.hotel-hafenspeicher.de). Ein hübsches Boutique-Hotel unweit des Hafens ist das € € € / € € **Hotel Five Rooms** (Königstraße 9, Tel. 0176 23 83 08 05, www.fiverooms.de). Leckere regionale Spezialitäten mit schönem Ausblick auf die Altstadt und die Leda genießt man in maritimem Ambiente an Bord des Restaurantschiffs **Spiekeroog III** (Doktor-vom-Bruch-Brücke 1, Tel. 0491/99 75 18 55). Das € € **Zur Waage und Börse** bietet regionale Küche, modern interpretiert in historischem Ambiente mit Blick auf den Hafen (Neue Straße 1, Tel. 0491 6 22 44, www.restaurant-zur-waage.de).

VERANSTALTUNG
Der fünftägige **Gallimarkt** (Beginn am zweiten Okt.-Mi.), seit 500 Jahren urspr. ein Viehmarkt, ist das größte Volksfest Ostfrieslands.

UMGEBUNG
Einen Abstecher wert ist die „grüne Stadt" **Weener** im Rheiderland mit seinem historischen Hafen (südw.; www.weener.de). In der Georgskirche (Kirchplatz 1, Tel. 04951 22 65) aus dem frühen 13. Jh. steht eine der großen Arp-Schnitger-Orgeln Ostfrieslands.

INFORMATION
Tourist-Information, Ledastraße 10, 26789 Leer, Tel. 0491 91 96 96 70, www.touristik-leer.de

④ Papenburg

Streng genommen zählt Papenburg (35 000 Einw.) zum Emsland, grenzt jedoch direkt an ostfriesische Gemeinden. Für die meisten ist

„Friederike von Papenburg" im Hauptkanal von Papenburg (links); die Evenburg mit Park in Leer (rechts oben); Traditionsschifftreffen zu Füßen von Leers Rathausturm (rechts unten)

Papenburg gleichbedeutend mit der Meyer-Werft. Doch die 1458 erwähnte und älteste Fehnkolonie Deutschlands hat mehr zu bieten. Das Stadtbild wird durch zahlreiche Kanäle geprägt, einst angelegt, um Torf zu verschiffen.

SEHENSWERT
Das Besucherzentrum der **Meyer-Werft TOP-ZIEL** bietet tgl. Führungen (siehe „Zur Sache", S. 108). Beim Bau der **St. Antonius-Kirche** (Kirchstraße 14, www.st-antonius-papenburg.de) Ende des 19. Jh. wurden rund 12 Mio. Ziegelsteine verbaut, die Hälfte davon wegen des moorigen Untergrunds als Fundament.

MUSEEN
Im interaktiven **Museum Zeitspeicher** führt Stadtgründer Dietrich von Velen „höchstpersönlich" durch die Vergangenheit (Ölmühlenweg 21, Tel. 04961 83 96 0; April–Okt. tgl. 9.00 bis 18.00, sonst Mo.–Sa. 9.00–17.00 Uhr). Das **Freilicht-Schifffahrtsmuseum** präsentiert über das Stadtgebiet verteilt originalgetreu nachgebaute Segelschiffe. Im Freilichtmuseum **Von-Velen-Anlage** wird die harte Zeit der Moorkolonisation wieder lebendig (Splitting rechts 56, Tel. 04961 7 37 42, www.von-velen-anlage.de; April–Okt. tgl. 10.00–17.00 Uhr). Die **Gedenkstätte Esterwegen** (Hinterm Busch 1, Tel. 05955 98 89 50, www.gedenkstaette-ester wegen.de; April–Okt. Di.–So. 10.00–18.00, Nov. bis März 10.00–17.00 Uhr) erinnert an die 15 Lager im Emsland, in denen die Nationalsozialisten über 260 000 Menschen inhaftiert hatten.

INFORMATION
Papenburg Tourismus Gesellschaft, Ölmühlenweg 21, 26871 Papenburg, Tel. 04961 8 39 60, www.papenburg-marketing.de

❺ Rhauderfehn

Backemoor war einst Versammlungsort für das Overledingerland. Westrhauderfehn wurde 1769 gegründet. Charakteristisch für die Moorregion sind schnurgerade verlaufende Wieken (Kanäle) – zur Trockenlegung des Moorgebiets und zum Transport des Torfs. Einen Einblick in diese Fehnlandschaft vermittelt die 170 km lange Deutsche Fehnroute (www.fehnroute.de).

MUSEUM
Die Villa Graepel beherbergt das **Fehn- und Schiffahrtsmuseum,** das sich der Fehnkultur und der Wandlung einstiger Moorkolonisten zu Seeleuten widmet (Westrhauderfehn, Rajen 5, Tel. 04952 90 32 80, www.fehn-schiffahrts museum.de; Mi.–Fr. und So. 11.00–17.00 Uhr).

AKTIVITÄT
Moorstimmung ist auf den **umgebauten Torfloren** zu erleben (Moorgutstraße 17, Ramsloh, Tel. 04498 7 06 88 30, www.moorfahrten.de).

INFORMATION
Rhauderfehn-Information, (im Fehn- und Schifffahrtsmuseum), Rajen 5, Tel. 04952 997 13 44, www.ostfriesland-rhauderfehn.de

---

ZU LANDE UND ZU WASSER

Sanft mit dem Paddelboot durchs Wasser gleiten, den Vögeln beim Baden zwischen den Seerosen zuschauen, während die Sonnenstrahlen die Wasseroberfläche in eine Diskokugel verwandeln. Gemütlich auf dem Fahrrad zwischen sattgrünen Weiden und schaurig-schönen Mooren herumgondeln, am Ufer entlangrollen und den Skippern auf den Kanälen zuwinken. In Ostfriesland kann man beides miteinander verbinden: Radfahren und Ausflüge auf dem Wasser. „Paddel und Pedal" nennt sich das dann und ist eine echte ostfriesische Erfindung.

Perspektivenwechsel: Erleben Sie das Fehnland am und vom Wasser aus!

Infolge der Kultivierung der Moore waren einst zahlreiche schiffbare Kanäle entstanden, die Wieken. Zusammen mit etlichen Nebenarmen bilden sie ein Netz aus Wasserwegen, das die gesamte Region durchzieht. Traditionell wurden die Waren in dieser Fehnlandschaft mit dem Schiff von A nach B befördert. Die Fehntjer lieferten den Torf in die Stadt und brachten Tee, Schnaps und was der Ostfriese sonst noch so brauchte wieder mit nach Hause.

Heute nutzen eher Freizeitkapitäne und zahlreiche Kanuten die Kanäle mit ihren typischen Klappbrücken. Ein paar besonders „plietsche" Ostfriesen hatten schließlich die geniale Idee, die Kanutouren mit Fahrradausflügen zu kombinieren – und schon war „Paddel und Pedal" geboren. Genial deshalb, weil man so die Perspektive wechselt, die außergewöhnliche Naturlandschaft zwischen Moor und Meer mal vom Wasser aus und mal zu Lande erlebt. Wenn die Arme schwer werden vom Paddeln, setzt man sich aufs Rad. Tut einem der Allerwerteste weh vom Radeln, nimmt man im Kanu Platz.

Touristik GmbH Südliches Ostfriesland, Paddel und Pedal, Ledastraße 10, 26789 Leer, Tel. 0491 91 96 96 30, www.paddel-und -pedal.de

Die Kanus sind auch für Anfänger recht leicht zu steuern. An den **rund 20 Stationen** in ganz Ostfriesland können Kanus, Fahrräder und E-Bikes ausgeliehen und an jeder beliebigen Station wieder abgegeben werden. Sogar das eigene Rad wird dorthin transportiert, wo man nach dem Paddeln wieder in die Pedale treten will.

HILFREICH & NÜTZLICH

Keine Reise ohne Planung. Auf den folgenden Seiten sind Wissenswertes und nützliche Informationen für einen Ostfriesland-Aufenthalt zusammengestellt.

Auf Borkum steigt man von der Fähre kommend direkt am Hafen in die Inselbahn um.

Anreise

Mit dem Auto: An die Waterkant geht es am schnellsten über die in Emden endende A 31 bzw. die A 29, die im Norden von Wilhelmshaven ausläuft. Außerdem führen zwei Bundesstraßen, die B 72 nach Norden und die B 461 nach Carolinensiel/Harlesiel, ans Meer. Ansonsten kommt man direkt an der Küste nur auf kleineren Straßen von A nach B. In Planung ist eine umstrittene Küstenautobahn A 20, die bei Bremerhaven die Weser queren und zwischen Oldenburg und Wilhelmshaven Anschluss an die A 29 bzw. bei Westerstede an die A 28 bekommen soll.

Mit der Bahn: Aus Richtung Süden bietet die Deutsche Bahn durchgehende IC-Verbindungen bis Leer, Emden und Norden-Norddeich an. Auch von Berlin, Potsdam, Leipzig, Magdeburg, Hannover und Bremen bestehen durchgehende IC-Zugverbindungen nach Oldenburg und weiter in Richtung Leer, Emden bzw. Norden-Norddeich. Auskunft erteilt die Bahn unter der kostenpflichtigen **Service-Nummer** 0180 699 66 33 (Tel. 0180 651 25 12 für Menschen mit eingeschränkter Mobilität) oder im Internet unter www.bahn.de. Kostenlos werden Fahrplanauskünfte unter Tel. 0800 150 70 90 erteilt. In den Regionalzügen muss die Fahrradmitnahme nicht angemeldet werden; in der Hauptsaison kann es in Fahrradabteilen allerdings recht eng werden. Die Fahrradbeförderung in den IC-Zügen muss unbedingt vorher reserviert werden. Auch dazu findet man Infos auf der Internetseite der Bahn.

Verkehrsknotenpunkt der Region ist Oldenburg. Von hier aus verkehren Regionalzüge zu den Urlaubszielen, aber auch Busse des Verkehrsverbundes Ems-Jade.

Mit dem Bus: Von Mitte März bis Ende Okt. bietet der Verkehrsverbund Ems-Jade (www.vej-info. de) einen speziellen Service. Kurkarten-Inhaber können mit dem **Urlauberbus Ostfriesland** auf 220 Linien von beinahe 5000 Haltestellen aus die Region für 1 € pro Strecke „erfahren" (Fahrplan auf www.urlauberbus.info).

Mit dem Flugzeug: Diverse Fluglinien bieten Flüge auf die Ostfriesischen Inseln an; ab Harle, Norden/Norddeich oder auch ab Emden und Bremen. Darunter sind die FLN Frisia Luftverkehr GmbH (www.fln-norddeich.de) samt Inselfliegern (www.inselflieger.de), Norden Air (www.norden-air.de), die OFD-Ostfriesischer-Flug-Dienst GmbH (www.fliegofd.de) und die

Flieger vom JadeWeserAirport bei Wilhelmshaven (www.edwi.info). Zudem werden von den verschiedenen Airlines Rundflüge über die Nordsee und Flüge nach Helgoland angeboten.

Mit dem Schiff: Brücken oder Dämme zu den Ostfriesischen Inseln existieren nicht und sind auch nicht geplant. Es bleiben also nur die Fähren, die zum Teil tideabhängig verkehren. Mit knapp über 2 Std. dauert die Fährfahrt von Emden nach Borkum am längsten; mit dem Katamaran oder vom niederländischen Eemshaven aus erreicht man die westlichste der Ostfriesischen Inseln in rund 1 Std. (Aktien-Gesellschaft „Ems", Tel. 01805 18 01 82, www.ag-ems.de). Die Reederei Frisia bedient die Inseln Juist (90 Min.) und Norderney (45–60 Min.) ab dem Fährhafen Norddeich (AG Reederei Norden-Frisia, Tel. 04931 987, www. reederei-frisia.de). 30 Min. dauert es von Neßmersiel nach Baltrum (Reederei Baltrum-Linie GmbH & Co. KG, Tel. 04933 99 16 06, www.baltrum-linie.de), ebenso lange von Bensersiel nach Langeoog (Schifffahrt der Inselgemeinde Langeoog, Tel. 04972 69 30, www.schifffahrt-langeoog.de). In 45 Min. erreicht man von Neuharlingersiel aus Spiekeroog (Nordseebad Spiekeroog GmbH, Tel. 04976 919 31 01, www.spiekeroog.de). Etwas länger dauert die Überfahrt von Harlesiel nach Wangerooge (DB AutoZug GmbH, Tel. 04464 94 94 11, www.siw-wangerooge.de). Urlauber sollten sich vor allem bei angesagtem „Schietwetter" erkundigen, ob die Fähren wirklich zum gebuchten Termin verkehren. Nicht selten wird bei zu starkem Seegang die Überfahrt aus Sicherheitsgründen kurzfristig ausgesetzt. Die Inseln sind mit Ausnahme von Borkum und Norderney autofrei. Bei der Anreise mit dem eigenen Pkw stehen an allen Fährhäfen kostenpflichtige Parkplätze, zum Teil auch Garagen, zur Verfügung; die Preise sind über die Internetseiten der Häfen oder der jeweiligen Inseln zu erfahren. Besonders für die Hauptsaison ist ratsam, frühzeitig zu reservieren.

Auskunft

Überregional: Ansprechpartner für ganz Ostfriesland und die Inseln ist die **Ostfriesland Tourismus Gesellschaft** in Leer (Ledastraße 10, 26789 Leer, Tel. 0491 91 96 96 60, www.ostfriesland.travel). Deren Internetauftritt bietet viele Informationen, ist übersichtlich und wartet mit einer Vielzahl an Texten zur Region auf.

Zuständig für die Küstenregion und die Inseln sind **Nordsee Gesellschaft** (Olympiastraße 1, Gebäude 6, Postfach 21 06, 26419 Schortens, Tel. 04421 956 09 91, www.die-nordsee.de) und **Ostfriesische Inseln GmbH** (Goethestraße 1, 26757 Borkum, Tel. 04922 93 31 41, www.ostfriesische-inseln.de).

Regional: Ammerland-Tourist-Information (Ammerlandallee 12, 26655 Westerstede, Tel. 04488 56 30 00, www.ammerland-touristik.de); Oldenburg Tourismus und Marketing Gesellschaft (Lange Straße 3, 26122 Oldenburg, Tel. 0441 36 16 13 66, www.oldenburg-tourismus.de); Friesland Touristik (Banter Deich 2, 26382 Wilhelmshaven, Tel. 04421 91 30 00 17, www.friesland-touristik.de); Tourismus-Service Butjadingen (Strandallee 61, 26969 Butjadingen, Tel. 04733 92 93 10, www.butjadingen.de).

Essen und Trinken

Die Küche ist vielfältig, an der Küste dominieren Fisch und Meeresgetier. Die **Krabben**, auch Granat genannt, schmecken am besten auf einer dicken Scheibe Schwarzbrot mit „Budder". Zur zarten **Maischolle** munden goldgelbe Kartoffeln aus Moor und Geest. Als Delikatesse gilt das Deichwiesenlamm oder ein zünftiges **Labskaus**. Manchmal wartet Arbeit vor dem Festmahl, beispielsweise, wenn man den Granat selbst pulen will. Und manchmal muss man sich regelrecht überwinden. Beispielsweise, wenn man den **Matjes** nach traditioneller Art und Weise am Schwanz gepackt langsam in den Mund gleiten lässt – nicht jedermanns Sache, für Liebhaber aber ein Frühjahrs-Hochgenuss. Wer sich in Ostfriesland auf kulinarische Entdeckungsreise macht, kann so interessant wie exotisch klingende Gerichte wie **Bohnen un Peeren mit Duffkook** (Bohnen und Birnen mit Mehlkloß), den **Peter in de Büx** (Buchweizenpfannkuchen mit Speck) oder auch die **Fluetsopp** (Suppe aus getrockneten Bohnenschalen) probieren. Um ihren Gästen solche und andere traditionelle Gerichte schmackhaft zu machen, haben sich mehrere ostfriesische Köche und Restaurantbesitzer zur Initiative Wattengenuss zusammengeschlossen.

www.oldenburg-tourismus.de

Oldenburg - Erlebe den perfekten Shopping-Tag.

Auf zum Bummeln nach Oldenburg? Das geht immer. Bei schlechtem Wetter erst recht. Hier finden Shoppingqueens und Lust-Einkäufer garantiert ihren perfekten Laden. Ein Geschmack, der sich auch jenseits des Mainstreams erstreckt, ist praktisch Voraussetzung für einen ausgedehnten Bummel. Wer einen solchen hat, hat einen wunderbare Shoppingtag vor sich. Am besten gleich ausprobieren.

Wer Lust hat auf einen Happy Shopping Day abseits typischer Touristenpfade hat und dabei auch Natur und gute Luft genießen möchtest, der ist in Oldenburg gut aufgehoben.

Zur Begrüßung ruft man sich hier stets ein freundliches Moin zu, die Architektur ist außergewöhnlich und man kann das Meer fast riechen. Unkompliziert ist auch die Anreise: Oldenburg ist in das Weser-Ems- und Fernverkehrs-

Raus aus der Langeweile!
Worauf warten? Oldenburg lockt mit unvergesslichen Shoppingmomenten. Beste Freundin, Familie oder Ehemann schnappen und los geht's in die größte Kleinstadt des Nordwestens.

netz der Bahn eingebunden und vom Hauptbahnhof erreicht man in nur wenigen Gehminuten die Innenstadt. In der großen Fußgängerzone findet sich ein bunter Branchen-Mix aus internationaler Mode, Kunsthandwerk, Design und auffällig vielen inhabergeführten Fachgeschäfte. Diese überzeugen mit au-

ßergewöhnlichem Sortiment und persönlichem Service. Oldenburg bietet sowohl für die kleine als auch die große Geldbörse ausgezeichnete Möglichkeiten. Besonders in der Innenstadt verschmelzen Shoppingspaß, Genuss und Erlebnis. Einfach losfahren und Auszeit genießen!

Jetzt inspirieren.
Gute Beratung, guter Service und qualitativ hochwertige Ware finden Sie in den vielen inhabergeführten Fachgeschäften in Oldenburg - jetzt Inspiration im Shoppingmagazin für den Lieblingsladen holen - direkt über den QR-Code.

Tourismus & Marketing Oldenburg i.O.

Zu jeder Reise an die Küste sollte ein Ausflug zu den Seehunden gehören, die bei Ebbe gerne auf Sandbänken faulenzen.

Nationalgetränk der Ostfriesen ist natürlich der **Tee** (siehe „Zur Sache", S. 94), zum Essen mundet ein frisch gezapftes **Bier**. Und zur Verdauung gibt es eine **Bohnensopp** (angesetzter Branntwein mit Sultaninen und Kandis), einen Kruidenbitter, einen klaren Doornkaat oder einen „Ostfreesen-Brannwien". Den braucht man vor allem, wenn man im Winter eine ordentliche Portion **Kohl und Pinkel** oder einen geräucherten **Smoortaal** genossen hat (Faustregel: vor dem Aal einen Korn, zum Aal einen Korn und nach dem Aal einen Korn). Spezialistinnen für **Kuchen und Torten** sind die Landfrauen in den zahlreichen Teestuben. Sie bieten oftmals auch leckeres **Landbrot**. Einige **Restaurantempfehlungen** finden sich auf den jeweiligen Info-Seiten.

Preiskategorien

€ € € €	Hauptspeisen	über 20	€
€ € €	Hauptspeisen	15 – 20	€
€ €	Hauptspeisen	10 – 15	€
€	Hauptspeisen	5 – 10	€

Sport und Freizeit

Baden: Mit dem Baden an der ostfriesischen Küste ist das so eine Sache: Immer dann, wenn man Lust hat auf eine Abkühlung, ist garantiert gerade Ebbe und vom Wasser weit und breit nichts zu sehen. Bessere Möglichkeiten versprechen die nördlichen Strände der Nordseeinseln – kein Tidenkalender bestimmt dort den Tagesablauf, und die Wasserqualität ist ausgezeichnet. Alternativen sind die „Spaß- und Wellenbäder" entlang der Küste. Auf dem Festland bieten sich zahlreiche Freibäder und Seen wie das Zwischenahner, das Ihler Meer oder der Tannenhauser See bei Aurich zum Schwimmen und Plantschen an.

Boßeln: Boßeln bzw. das „Klootschießen" sind so etwas wie ostfriesische Nationalsportarten,

die in den kühleren Jahreszeiten auf wenig befahrenen Straßen oder auf möglichst gefrorenen Wiesen und Feldern ausgeübt werden.

Golf: Norderney, Wangerooge und Langeoog bieten jeweils einen 9-Loch-Platz. Durch die steife Brise auf den Inseln gerät das Pitchen und Putten allerdings bisweilen zur Lotterie. Hinzu kommt ein halbes Dutzend Anlagen auf dem Festland.

Daten & Fakten

Geografische Lage: Der Begriff Ostfriesland bezeichnet einerseits die historisch-politische Region und andererseits das oft weiter gefasste geografische Gebiet. Dieses umfasst die traditionell friesischen Landstriche der gesamten ostfriesischen Halbinsel zwischen dem Dollart im Westen und dem Jadebusen im Osten, also auch Teile des Landkreises Friesland sowie des Ammerlandes. Nahe der Küste erstreckt sich weites Marschland, das landeinwärts in Niedermoore, Geest und Hochmoore übergeht. Das ganze Gebiet ist von zahlreichen Wasserstraßen durchzogen. Dem Festland vorgelagert sind die sieben bewohnten Ostfriesischen Inseln Borkum, Juist, Norderney, Baltrum, Langeoog, Spiekeroog und Wangerooge sowie die unbewohnten Inseln Lütje Hörn, Memmert, Mellum und Minsener Oog. Die Inseln erstrecken sich über rund 90 km Länge im Naturpark Niedersächsisches Wattenmeer.

Bevölkerung: Die ostfriesische Halbinsel ist mit rund 150 Einw./km² vergleichsweise dünn besiedelt (Deutschland: 233 Einw./km²). Größte Stadt der Region ist mit Abstand Oldenburg (160 000 Einw.). Der überwiegende Teil der Bevölkerung ist protestantisch. Vor allem aber sind die Ostfriesen heimatverbunden. Sie nehmen als Pendler nach Bremen, Emden oder Oldenburg lieber lange Anfahrtswege zur täg-

Inline-Skating: Die Trendsportart hat längst auch Ostfriesland erobert. Auf dem „platten Land" lässt es sich vortrefflich skaten, zumal viele der ausgewiesenen Strecken über Beläge verfügen, die „glatt wie ein Kinderpopo" sind.

Radfahren: Ostfriesland ist ein Dorado für Radwanderer (siehe „Ja natürlich", S. 99). Die Region verfügt über ein sehr gut ausgebautes Radwegenetz auf kleinen, zumeist wenig befahrenen Straßen und Wirtschaftswegen. Viele Infotafeln und eine ausgezeichnete Beschilderung helfen dem Radfahrer bei der Orientierung auf den diversen Themenrouten. Außer auf den „Zwerginseln" Baltrum und Spiekeroog – dort sieht man Radler nicht so gern – ist das Fahrrad auch auf den Inseln das ideale Fortbewegungsmittel. Wer die Mitnahme des eigenen „Drahtesels" scheut, kann in Ostfriesland an fast **100 Stationen** ein Rad ausleihen. Fahrradfreundliche Unterkünfte runden das Angebot ab. Zudem können Touren pauschal gebucht werden. Eine Besonderheit ist das Angebot „Paddel und Pedal" (www.paddel-und-pedal.de), bei dem Rad- und Paddeltouren auf den zahlreichen Wasserläufen in Ostfriesland miteinander verbunden werden können. An über 20 Stationen können Naturliebhaber auf Kanus oder Kanadier umsteigen und die ostfriesische Landschaft einmal aus einer anderen Perspektive erleben (siehe „Ja natürlich", S. 115).

Info

lichen Arbeit in Kauf, als ihre „Scholle" zu verlassen. Wenn die Ostfriesen miteinander sprechen, dann tun sie das zumeist im Ostfriesischen Plattdeutsch, auch einfach nur Platt, Plattdütsk oder Oostfreesk genannt.

Wirtschaft und Tourismus: Jahrhundertelang war die Landwirtschaft der wichtigste Erwerbszweig der ländlichen Bevölkerung auf dem Festland, an der Küste war die Fischerei lange eine bedeutende Einnahmequelle. Auch heute noch leben zahlreiche Menschen in der Region vom Fischfang oder von der Landwirtschaft, Tendenz allerdings stark rückläufig. Die meisten Menschen sind heute in der Industrie, im Dienstleistungssektor bzw. in der Tourismusbranche in Lohn und Brot. Größter Arbeitgeber in Ostfriesland ist neben dem VW-Werk in Emden die Bünting-Gruppe mit Stammsitz in Leer, die neben dem traditionellen Teegeschäft Supermärkte und Handelsketten betreibt. Auch der Schiffbau ist in der Region nach wie vor stark vertreten. Größte Werft und einer der wichtigsten Arbeitgeber ist die Meyer-Werft im nahe gelegenen, aber bereits emsländischen Papenburg. Eine „Boom-Branche" ist in Ostfriesland der Bereich der Windenergie. Auf den Inseln lebt die überwiegende Mehrzahl der Bewohner seit Jahrzehnten vom Tourismus.

Reiten: Zahlreiche Reiterhöfe auf dem Festland, aber auch auf den Inseln, bieten Ausritte an. Das „Bett-und-Box-Angebot", die Möglichkeit, das eigene Pferd mit- und unterzubringen, ist eine weitere Offerte. Vom Ponyreiten für die Kleinen bis hin zu Ausritten auf imposanten Friesen finden all diejenigen, für die das Glück der Erde auf dem Rücken der Pferde liegt, herrliche Voraussetzungen vor. Höhepunkte für Ross und Reiter sind sicherlich Ausritte an den Stränden der Ostfriesischen Inseln.

Wandern/Joggen/Nordic Walking: Ob entlang der Nordseestrände, durch die Dünen (so weit erlaubt), in den Parklandschaften des Ammerlandes oder entlang den Kanälen im Fehnland – für alle, die am liebsten per pedes unterwegs sind, bietet Ostfriesland zahlreiche Möglichkeiten. Ambitionierte Läufer und Walker haben die Chance, sich bei diversen Wettkämpfen zu messen, u. a. beim EWE-Nordseelauf oder beim „Ossiloop". Letzter Schrei für die Nordic-Walking-Freunde sind Touren durchs Watt.

Wassersport: Die gesamte Nordseeküste bietet gute Bedingungen für Segler und Surfer. Fast alle der Ostfriesischen Inseln, aber auch die meisten Sielorte verfügen über ausgebaute **Jachthäfen.**

Auf Norderney fliegen die Surfcracks nur so übers Wasser, vollführen atemberaubende

Geschichte

. . . .

12 v. Chr.: Römische Truppen unter dem Feldherrn Drusus fallen in Ostfriesland ein. Der Widerstand ist stark.

600–700: Friesen aus dem Westen besiedeln das heutige Gebiet Ostfrieslands. Um 700 entsteht ein friesisches Großreich.

785: Friesland wird ins Frankenreich Karls des Großen eingegliedert.

ab 800: Kaiser Karl der Große betreibt die Christianisierung Frieslands, die Friesen widersetzen sich massiv. Der Missionar Bonifatius stirbt in Dockum den Märtyrertod.

884: Die Friesen schlagen die Wikinger in der „Normannenschlacht" bei Norden vernichtend.

1000: Beginn des Deichbaus. Der „Goldene Ring" um Friesland entsteht.

1219: Die erste der „Marcellusfluten" richtet großen Schaden an der Küste an. Wohl über 30 000 Menschen kamen ums Leben.

1250: Mehrere Gemeinden lösen sich aus adeliger Herrschaft und schließen sich zum „demokratisch" organisierten Upstalsboom-Verband zusammen (Friesische Freiheit).

Mitte 14. Jh.: Einzelne Bauerngeschlechter reißen die Macht an sich. Als Häuptlinge herrschen deren Oberhäupter.

1362: Der zweiten Marcellusflut im Januar (auch Grote Mandränke genannt) fallen bis zu 100 000 Menschen zum Opfer.

Ende 14. Jh.: Seeräuber Klaus Störtebeker und seine „Likedeeler" fallen in die küstennahen Orte ein.

17. Jh.: Beginn der Kolonisierung der Moore im Landesinnern Ostfrieslands (Fehnkultur). In Oldenburg wütet die Pest.

1744: Nach dem Tod des letzten friesenstämmigen Cirksena-Fürsten Carl Edzard fällt Friesland an Preußen.

1815–1866: Intermezzo der Hannoveraner.

1871: Ostfriesland und das Großherzogtum Oldenburg werden Teil des neu gegründeten Deutschen Reichs.

1888/89: Der 72 km lange Ems-Jade-Kanal (Emden–Wilhelmshaven) wird eröffnet, ein Jahr später der Dortmund-Ems-Kanal.

1939–1945: Oldenburg und Leer bleiben weitgehend von den Bombern der Alliierten verschont, Wilhelmshaven und vor allem Emden trifft es schwerer.

1946: Gründung des Bundeslandes Niedersachsen.

1962: Die Jahrhundert-Sturmflut im Februar richtet in Ostfriesland große Schäden an.

1986: Gründung des Nationalparks Niedersächsisches Wattenmeer.

2009: Das Wattenmeer, also auch der Nationalpark Niedersächsisches Wattenmeer, wird zum UNESCO-Weltnaturerbeliste erklärt.

2012: Der JadeWeserPort in Wilhelmshaven geht in Betrieb.

2018: Der „Jahrhundertsommer" beschert Ostfriesland beste Tourismuszahlen.

2020: Im Corona-Jahr erleidet das Gastgewerbe einen kräftigen Umsatzeinbruch.

Zum Weiterlesen ...

. . . .

Krimifreunde sind mit den **Romanen von Bernd Flessner** gut beraten. In „Die Gordum-Verschwörung" ist Kommissar Gerd Greven auf der Suche nach dem Mörder eines alten Freundes. Waren dessen Nachforschungen nach einem versunkenen Eiland im Dollart, einem Atlantis im Wattenmeer, das Mordmotiv? Ein spannender Krimi, der ganz nebenbei einen kritischen Blick auf die touristische Vermarktung Greetsiels wirft. Weitere empfehlenswerte Krimis mit Lokalkolorit sind u. a. „Ebbe und Blut" von **Peter Gerdes**, „Die Blütenfrau" von **Sandra Lüp-**

Manöver in der rauen Brandung. Hier finden jedes Jahr hochkarätige Regatten statt – mit Bernd Flessner stammt einer der weltweit besten **Windsurfer** von Norderney. Zudem ist die Insel ein ideales Revier für **Kitesurfer.** Anfänger sind auf den Seen im Binnenland sicherlich besser aufgehoben. Dort finden auch **Paddler** und **Motorboot**-Liebhaber auf den Kanälen und Flüssen ihr Revier.

Info

kes und „Krähenflüstern" von **Regine Kölpin** sowie die Ostfriesenkrimis von **Klaus-Peter Wolf** („Ostfriesenwut", „Ostfriesenschwur", „Ostfriesenfeuer" u. a.)
Im Verlag **Theo Schuster** in Leer, dem Ostfriesland-Spezialisten schlechthin, sind zahlreiche Publikationen zur Region herausgekommen. Der Chef selbst hat in „In Aurich ist es schaurig …" eine Menge Anekdoten, Redensarten und Reime gesammelt, die Lesern nicht nur die Kulturgeschichte Ostfrieslands, sondern auch die plattdeutsche Sprache näher bringen.

In den Slipanlagen in Hooksiel, Ostrhauderfehn und Rastede können **Wasserskifahrer** ihrem Sport nachgehen.

In der Nordsee darf jeder **angeln,** in den Gewässern auf dem Festland benötigt man in der Regel den Sportanglerschein.

Unterkunft

Luxusherbergen sucht man in Ostfriesland fast vergeblich. Doch sowohl auf den Inseln als auch auf dem Festland gibt es unzählige gute kleine Hotels und **Pensionen, Ferienwohnungen, Appartements und Privatunterkünfte**. Waren Letztere bis in die 1990er-Jahre oft noch recht einfach, düster und „piefig", haben viele Gastgeber inzwischen ordentlich investiert und bieten gleichermaßen komfortable wie gemütliche Behausungen. Vor allem sind die Ostfriesen in der Regel nette und patente Gastgeber. Für die Hauptsaison und zu Großveranstaltungen sollte allerdings vor allem auf den Inseln unbedingt rechtzeitig reserviert werden.

Ostfriesland bietet eine Vielzahl Möglichkeiten für den Urlaub in den „eigenen vier Wänden". Mehr als 30 **Campingplätze** stehen zur Verfügung, zudem noch über 50 **Wohnmobil-Stellplätze.** Auf den Inseln sind Wohnmobil nur auf Borkum und Norderney zugelassen, auf den autofreien Inseln verständlicherweise nicht. Zelten kann man auch auf Spiekeroog, ebenfalls auf Langeoog und auf Baltrum, dort allerdings nur nach vorheriger Anmeldung. Auf den Inseln Wangerooge und Juist ist Campen gänzlich unmöglich.

Einige **Unterkunftsempfehlungen** finden sich auf den jeweiligen Info-Seiten.

Preiskategorien

. . . .

€ € € €	Doppelzimmer	über 200 €
€ € €	Doppelzimmer	150 – 200 €
€ €	Doppelzimmer	100 – 150 €
€	Doppelzimmer	50 – 100 €

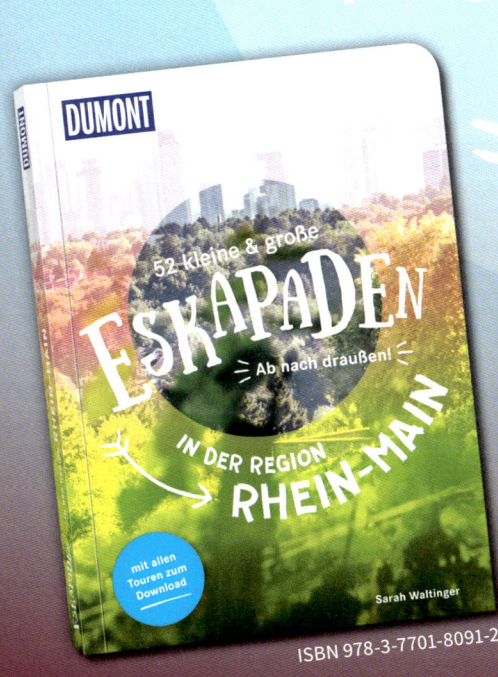

REGISTER

Impressum

5. Auflage 2021
© DuMont Reiseverlag, Ostfildern

Verlag: DuMont Reiseverlag, Postfach 3151, 73751 Ostfildern, Tel. 0711/45 02-0,
Fax 0711/4502-135, www.dumontreise.de
Geschäftsführer: Dr. Stephanie Mair-Huydts, Markus Schneider
Programmleitung: Birgit Borowski
Redaktion: Frank Müller, Anja Schlatterer (red.sign, Stuttgart)
Text: Sven Bremer, Bremen
Exklusiv-Fotografie: Martin Kirchner, Berlin
S. 14/15 und S. 7 (Nr. 7) Usle Oceja, Juan Ismael (Missing Link) © VG Bild-Kunst,
Bonn 2020 und Miquel Barcelo (Une poignee de terre) © VG Bild-Kunst, Bonn 2020
Titelbild: Lookphotos/Heinz Wohner (Schafe am Deich bei Greetsiel, Leuchtturm
Pilsum)
Zusätzliches Bildmaterial: S. 7 u. mauritius images/Raimund Linke, 8/9
Lookphotos/Thomas Grundner, 18 l. Shutterstock/Alexander Schmitz, 18 r. laif/
Dirk Eisermann, 19 o. l. mauritius images/Alamy/Werner Dieterich, 19 o. r. und
u. picture-alliance/dpa/Ingo Wagner, 28 l. Burgcafé Osterburg, 29 l. laif/Martin
Kirchner, 29 r. o. picture-alliance/dpa/Ingo Wagner, 29 r. u. Lookphotos/TerraVista,
33 l. mauritius images/Alamy/Top-Pics TBK, 33 r. picture alliance/blickwinkel/H.
Baesemann, 51 l. mauritius images/Alamy, 51 r. mauritius images/Raimund Linke,
60 o. und 67 DuMont-Bildarchiv/Marc-Oliver Schulz, 80 l. laif/Martin Kirchner, 81 o.
l. Seehundstation Norddeich, 81 o. r. Lookphotos/Konrad Wothe, 81 u. laif/Martin
Kirchner, 85 l. Heimat- und Verkehrsverein Werdum e.V., 85 r. mauritius images/
Pitopia, 97 r. u. DuMont-Bildarchiv/Marc-Oliver Schulz, 115 l. Touristik GmbH
Südliches Ostfriesland, Leer, 115 r. Ostfriesland Tourismus GmbH, Leer, 120 l.
mauritius images/Alamy/Jochen Tack, 120 r. mauritius images/Roland T. Frank,
121 o. l. und o. r. huber-images/Francesco Carovillano, 121 M. huber-images/
Christian Bäck, 121 u. Shutterstock/Jürgen Fälchle
Grafische Konzeption, Art Direktion: fpm factor product münchen
Cover Gestaltung, Layout: CYCLUS · Visuelle Kommunikation, Stuttgart
Kartografie: © MAIRDUMONT GmbH & Co. KG, Ostfildern
Kartografie Lawall (Karten für „Unsere Favoriten")
DuMont Bildarchiv: Marco-Polo-Straße 1, 73760 Ostfildern, Tel. 0711/4502-0,
bildarchiv@mairdumont.com

Für die Richtigkeit der in diesem DuMont Bildatlas angegebenen Daten –
Adressen, Öffnungszeiten, Telefonnummern usw. – kann der Verlag keine Garantie
übernehmen. Nachdruck, auch auszugsweise, nur mit vorheriger Genehmigung
des Verlages. Erscheinungsweise: jeden zweiten Monat.

Anzeigenvermarktung: MAIRDUMONT MEDIA, Tel. 0711 450 2-0,
Fax 0711 45 02 10 12, media@mairdumont.com, http://media.mairdumont.com
Vertrieb Zeitschriftenhandel: PARTNER Medienservices GmbH, Postfach
810420, 70521 Stuttgart, Tel. 0711 72 52-212, Fax 0711 72 52-320
Vertrieb Abonnement: Leserservice DuMont Bildatlas, Zenit
Pressevertrieb GmbH, Postfach 810640, 70523 Stuttgart,
Tel. 0711 7252-265, Fax 0711 7252-333,
dumontreise@zenit-presse.de
Vertrieb Buchhandel und Einzelhefte: MAIRDUMONT
GmbH & Co. KG, Marco-Polo-Straße 1, 73760 Ostfildern,
Tel. 0711 45 02 0, Fax 0711 45 02 340
Reproduktionen: PPP Pre Print Partner GmbH & Co. KG, Köln
Druck und buchbinderische Verarbeitung:
NEEF + STUMME GmbH, Wittingen
Printed in Germany

Entdecken Sie unbegrenzte Möglichkeiten

Atlas der Reiselust
39,90 €, Hardcover

Atlas der Reiselust –
Traumstraßen
39,90 €, Hardcover

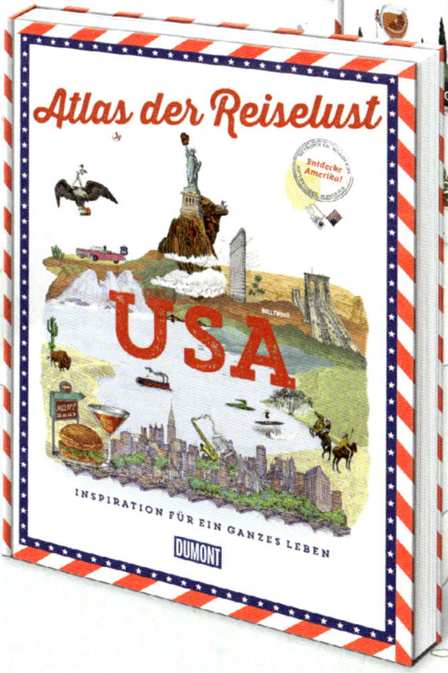

Atlas der Reiselust –
Italien
34,95 €, Hardcover

Atlas der Reiselust –
USA
39,90 €, Hardcover

Aufschlagen,
blättern, staunen –
jede Buchseite ein Erlebnis

www.dumontreise.de

Urlaub erinnern...

Jeder Urlaub geht einmal zu Ende – was bleibt, sind die Mitbringsel, aber auch die Erinnerungen an Land und Leute, an Aromen und Düfte und an manche Kuriosität.

NUR FLIEGEN IST SCHÖNER

Ich bin hin- und hergerissen zwischen Euphorie und Mitleid: Euphorie, weil ich mit fast 40 Kilometern pro Stunde den Deichweg entlangrase, angetrieben vom Rückenwind der Stärke fünf bis sechs. Mitleid habe ich mit denen, die mir entgegenkommen und kaum vorankommen. Ostfriesland ist windig, die Hauptwindrichtung ist Westwind – wer dies einmal selbst „erfahren" musste, wird es nie vergessen!

TEETIED

So manch hartnäckiger Kaffeetrinker soll schon bekehrt worden sein. Schließlich entschleunigt eine echte Ostfriesische Teezeremonie so viel mehr als eine schnelle Tasse Kaffee. Wenn der heiße Ostfriesentee das Kandisstück zum Knistern und Knacken bringt und die „Wulkje Rohm" ihr sonderbares Muster bildet, wähnt man sich im Handumdrehen wieder an der Waterkant.

WAT GELERNT IM WATT

Man sieht sie überall im Watt, diese kleinen, an Spaghettiknäuel erinnernden Haufen. Und man weiß natürlich längst, dass dies nicht die Wattwürmer selbst sind, sondern nur ihre Hinterlassenschaften an der Oberfläche. Was es sonst noch alles zu lernen gibt über die zahlreichen hochspezialisierten Tiere in dieser weltweit einzigartigen Landschaft, dem UNESCO-Welterbe Wattenmeer, das hat mich fasziniert.

SEEHUND VORAUS

Da geht man so am Strand von Spiekeroog entlang und beginnt sich irgendwann ein bisschen zu wundern. Was ist das da, gut 100 Meter voraus? Ein Stein oder doch Müll? Weder noch! Es ist tatsächlich ein Seehund, der sich am menschenleeren Strand ein paar Tage vor Weihnachten ein Sonnenbad gönnt. Wir gehen nur so weit ran, dass wir ihn nicht stören. Ein magischer Moment!

SCHLAFEN AM STRAND

Übernachten in Ferienwohnung, Pension oder Hotel, Zelt oder Wohnwagen – hab ich alles schon gemacht in Ostfriesland. Aber direkt am Strand schlafen, das fehlte noch. Und das geht auch erst richtig gut, seit es die Schlafstrandkörbe gibt. Das Wetter hat mitgespielt, wir haben das Dach aufgelassen und so lange in die Sterne geschaut, bis uns beim Rauschen der Nordseewellen die Augen zugefallen sind.

SHOPPEN IN OLDENBURG

Als überzeugter Bremer Lokalpatriot traue ich es mich ja kaum zu sagen: Zum Shoppen fahre ich lieber nach Oldenburg. Es ist super angenehm, durch Deutschlands älteste Fußgängerzone zu bummeln. In der gibt es immer noch zahlreiche freundliche Einzelhändler, bei denen man auch mal etwas Besonderes findet.

HÄUPTLINGE AN DER NORDSEE

Dass es im Mittelalter in Ostfriesland Häuptlinge gab, hat mich komplett überrascht – wie so einiges an der Geschichte dieses Landstrichs. Einst hatten die „freien Friesen" nur den Kaiser über sich und lebten in einer nahezu demokratischen Gesellschaft. Erst im 14. Jahrhundert rissen die Häuptlinge genannten Fürsten die Macht an sich, die sie aber schon Mitte des 15. Jahrhunderts wieder abgeben mussten.

LEERANER ALTSTADT

Leer ist so eine Stadt, an der viele Menschen vorbeirauschen, auf der Autobahn allenfalls die Schilder der Ausfahrt wahrnehmen – und weiter auf die Inseln fahren. Das sollten Sie beim nächsten Mal nicht tun, denn die historische Leeraner Altstadt zählt definitiv zu den schönsten in Norddeutschland. Leer wird ja gern auch als „Tor Ostfrieslands" bezeichnet. Da kann ich nur sagen: Bitte eintreten und staunen!

»DEUS MARE, FRISO LITORA FECIT — GOTT SCHUF DAS MEER, DIE FRIESEN SCHUFEN DIE KÜSTE.«

Friesisches Selbstverständnis

ES GIBT KEIN SCHLECHTES WETTER ...

... nur schlechte Kleidung. Selbst Schietwetter mit steifer Brise und Regen von der Seite hat seine Reize – Reize, die man erst mit der richtigen Ausrüstung genießen kann. Stilecht hüllt man sich daher in den klassischen, knallgelben Friesennerz, setzt den passenden Südwester auf und steigt in die zugehörigen Gummistiefel. All das kleidet und schützt auch an einem schmuddeligen Herbsttag in Süddeutschland.

SONNENAUFGANG AM STRAND

Eigentlich ist ja Ausschlafen angesagt im Urlaub. Aber wer einmal ganz früh am Morgen den inneren Schweinehund überwunden und sich aufgemacht hat ans Meer, der wird wahrlich belohnt. Langsam, aber sicher lichtet sich der Seenebel, und die Sonne taucht die See, die Dünen und den Strand (hier bei Hooksiel) in dieses ganz besondere Licht der Küste. Da wird man glatt zum Frühaufsteher!

PORTO
PORTUGAL NORDEN

Die Schöne am Douro
Lange im Schatten Lissabons hat sich Porto in den letzten Jahren in der ersten Riege der weltweiten Topreiseziele einen Platz gesichert. Und das zu Recht! Sehen Sie selbst!

Mittelalter live
Abseits der Küsten scheint in Nordportugal die Zeit stillzustehen – ein Besuch in den „historischen Dörfern" zwischen Coimbra und Porto ist ein besonderes Erlebnis.

OSTSEEKÜSTE
MECK-POMM

Im Zeichen der Hanse
Wir stellen die Stadtschönheiten Rostock, Stralsund, Wismar, Greifswald und Anklam mit ihren Sehenswürdigkeiten ausführlich vor.

Strände ohne Ende …
… und für jeden Geschmack mit guter Infrastruktur oder ganz naturbelassen. Finden Sie mit Hilfe des DuMont Bildatlas Ihr persönliches Strandparadies.

www.dumontreise.de